sapientia
サピエンティア58

選挙制を疑う

Tegen Verkiezingen

D・ヴァン・レイブルック［著］
岡崎晴輝
D・ヴァンオーヴェルベーク［訳］

法政大学出版局

David Van Reybrouck
TEGEN VERKIEZINGEN

Originally published with De Bezige Bij, Amsterdam

Japanese translation rights arranged with
Uitgeverij de Bezige Bij, b.v.
through Japan UNI Agency, Inc., Tokyo

選挙制を疑う◎目次

イギリスの人民は自由だと思っているが、それは間違いだ。彼らが自由なのは選挙のときだけである。代議士が選出されるや否や、奴隷になり、無に帰してしまう。

ジャン＝ジャック・ルソー『社会契約論』一七六二年

第 1 章

症状

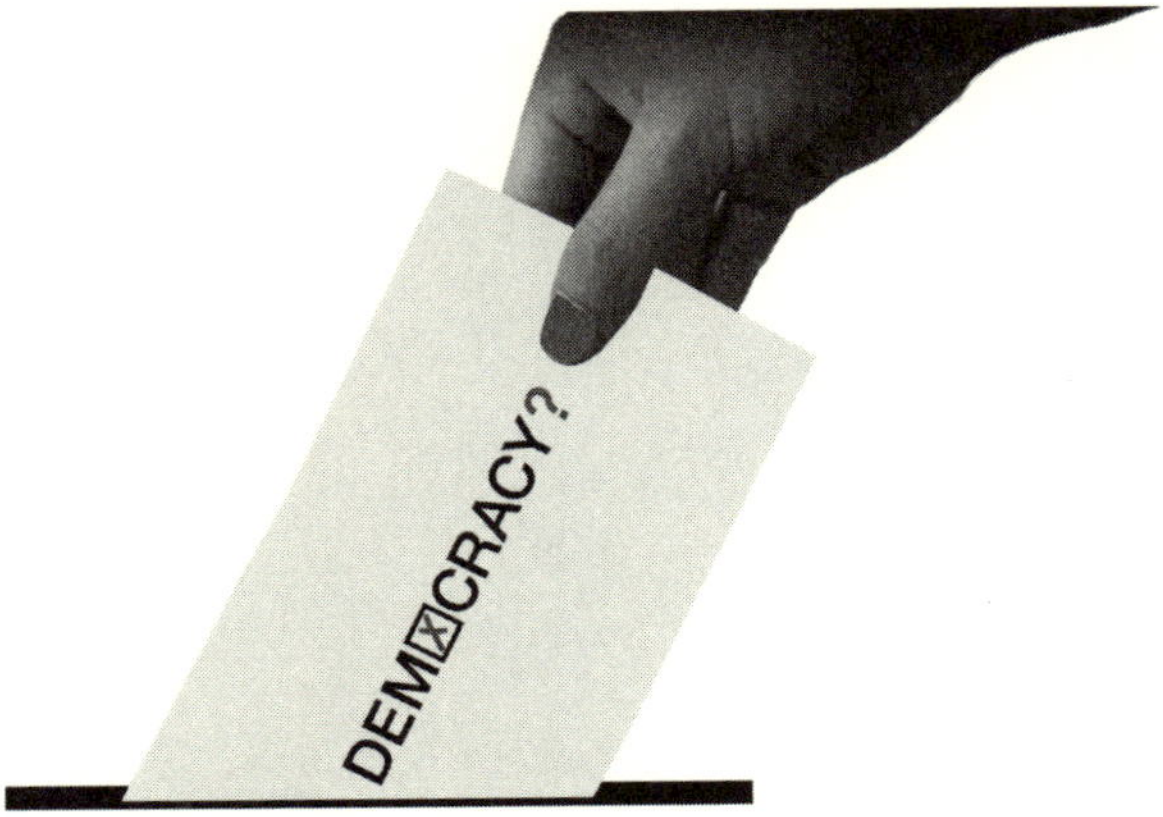

章扉の図版は著者制作のYouTube, “WHY ELECTIONS ARE BAD FOR DEMOCRACY”より。以下の各章も同じ

第一節　希求と疑念——民主主義の逆説

現在、民主主義には奇妙な現象が見られる。誰もが民主主義を希求しているように見えるのに、誰もそれを信じていない。国際統計を見れば、民主主義の支持者を自任する人がますます増えているのに気づくであろう。大規模な国際研究プロジェクト（世界価値観調査）は最近、五七カ国の七万三〇〇〇人以上——世界人口の約八五パーセントを母集団とする——に調査をした。民主主義が国を統治するための望ましい方法であるか否かを尋ねたところ、実に九一・六パーセントもの被調査者がイエスと回答したのである。[1] 民主主義の概念に好意的な世界人口の割合が今ほど高かった時代はない。

七〇年前には、民主主義はとりわけ悪いものと見なされていた。この事実を考えれば、これほどの民主主義への希求は壮観ですらある。第二次世界大戦が終結したとき、ファシズム、コミュニズム、植民地主義のせいで、民主主義の名に値する国は世界でわずか一二カ国にすぎなかった。[2] その後、歴史の歯車が徐々に回り始めた。一九七二年には自由民主主義国は四四カ国になり、[3] 一九九三年には七二カ国にまで跳ねあがった。そして現在では、一九五カ国中一一七カ国が選挙制を採用する民主主義国であり、そのうち九〇カ国が自由民主主義国に数えられている。歴史を振り返っても、これほど多くの民主主義国が存在した時代などなかったし、その政治体制がこれほどの支持者を集めた時代もなかった。[4]

にもかかわらず、民主主義への希求は衰退している。前述の世界価値観調査が光を当てたように、この一〇年間、世界中で「選挙や議会を気にかける必要のない」強い指導者を求める声が著しく高まり、議会・政府・政党への信頼がかつてないほど低くなっている。[5] 人々は民主主義の理念は歓迎しつつも、その実践、少なくとも現在の実践は歓迎していないようにみえる。

この衰退の責任は、一つには、新興民主主義諸国が負うべきものである。ベルリンの壁の崩壊から二〇年が経過したが、旧東側諸国ではとりわけ幻滅が大きい。また、〈アラブの春〉から〈民主主義の夏〉へと至った国があるようにも思えない。チュニジアやエジプトのように選挙が実施されている国でさえ、多くの市民は新しい体制のなかに闇を見いだしている。ほろ苦い結論だが、民主主義にたどり着いた人々は、次のことを思い知らされた。少なくとも民主化が暴力、腐敗、経済停滞を伴っているときには、民主主義の実践はその理念ほどにはバラ色ではないことも多い、と。

しかし、別の説明も可能である。先進民主主義諸国もまた、魅力と反発が入り混じった兆候と格闘するようになっている。ヨーロッパほど、この逆説の著しい地域はない。民主主義の概念はヨーロッパの歴史に根差しており、依然として幅広い支持を集められるだろうが、現実の民主主義制度への信頼は目にみえて低下している。二〇一二年秋、欧州連合（EU）の公的研究機関であるユーロバロメーターは、ヨーロッパ市民の三三パーセントしか欧州連合を信頼していないと発表した（二〇〇四年には、まだ五〇パーセントに達していた！）。各加盟国の議会や政府への信頼はさらに低く、それぞれ二八パーセントと二七パーセントだった[6]。いずれも、過去最低の数値である。今日では、三分の二から四分の三もの人々が、政治体制の主要な制度を信頼していない。ある程度懐疑的であることは批判的市民の素地ではあるが、疑念がいかに広範囲に及んでいるか、健全な疑いがいつ露骨な嫌悪へと転ずるか、と問う必要があるのではないだろうか。

最近の調査結果は、こうした不信がヨーロッパ中にどれほど蔓延しているかを如実に示している。不信はもはや狭義の政治にとどまらず、郵便、福祉、鉄道といった公共サービスにも及んでいる。政治への信頼は我々の生活の一部にとどまるとはいえ、民主主義の諸制度をみれば、政党が過去最大の不信と格闘していることは明らかである（平均して、EU市民の三九パーセントしか政党を評価していない）。以下、政府（四〇パーセント）、議会（四二パーセント）、報道機関（四三パーセント）と続く[7]。

不信は、しかし、双方向的である。オランダの研究者であるペーター・カンネは二〇一一年、ハーグの政党政治家がオランダ社会をどのように見ているかについて興味深い数字を示した。オランダの政治エリートの八七パーセントが、自分は進歩的・平和的・国際的思考を有していると考える一方、その八九パーセントは、オランダ市民はどちらかといえば伝統的・愛国的・保守的だと考えていたのである。[8] 市民は、政治家の目には劣ったようにみえる別種の価値を抱いている。これが大半の政治家の想定である。この数字が他のヨーロッパ諸国にも当てはまるであろうことは想像に難くない。

再び市民に目を向けよう。市民が募らせる疑念を説明する際、市民の「アパシー」が云々されることも少なくない。それによれば、個人主義と消費文化が市民の批判的参画の気力を奪い、民主主義にたいする信念は揺らいでいる。今日、市民はせいぜい無関心のなかでさ迷い、政治の話題になると背を向けてどこかへ消えてしまう。市民は「関心を失っている」というのである。これは事実と完全に一致するわけではない。たしかに、政治にほとんど関心を示さない市民も少なくない。しかしそれくらいであれば、これまでもいたのである。最近になって関心が低下したわけではない。最近の研究が的確に示しているように、政治的関心はむしろ高まっており、人々は友人、家族、同僚と政治について話をするようになっている。[9]

このように市民には、いわゆるアパシーの兆候は見られない。しかしそのことは、我々を安心させる材料なのであろうか。そうとは言えない。政治的関心は増大しているのに、政治的信頼は減少している。そうした時代は一触即発の状態にある。とにかく、市民が考えていることと、市民の目から見て政治家がしていることとの溝は深まるであろう。市民が市民として必要だと見なしているものと、市民の目から見て国家が無視しているものとの溝も深まるであろう。その行き着く先は、不満の蓄積である。市民が指導者たちを信頼しなくなっているのに、彼らの一挙手一投足にますます関心を寄せるようになっているとすれば、そのことは国の安定にとって何を意味するのであろうか。その体制は、市民の冷ややかな眼差しにどれくらい耐えられるのであろうか。誰もが自分の思いをインターネット上で発信し共有できるようになった現在、その眼差しは単なる眼差しにとどまるのであろうか。

我々は、一九六〇年代とは正反対の世界に生きている。かつて、普通の農婦は政治にまったく関心を抱かなかったが、政治を全面的に信頼していたであろう[10]。社会学的研究が明らかにしたように、彼女たちは安心していたし、そうした信頼は西ヨーロッパの大半を特徴づけていた。当時の標語は無関心と信頼だったが、今日の標語は切望と不信になっている。混沌とした時代になったものである。

第二節　正統性の危機——支持が低下している

民主制、貴族制、寡頭制、独裁制、専制、全体主義、絶対主義、無政府主義——いかなる政治体制も二つの根本的な基準、すなわち効率性と正統性のバランスをとらなければならない。効率性は、政府が直面する問題の解決策をいかに迅速に見いだせるかに関わり、正統性は、住民がその解決策にどれくらい納得できるか、政府の権威をどれくらい認めるかに関わる。効率性は活力に、正統性は支持に関わる。この二つの基準は通常、反比例する。独裁制はおそらく最も効率的な統治形態であるが（一人が決定し、即座に解決する）、正統性を確保しつづけられるとは思えない。対照的に、個々の政策について住民全員にいちいち諮っているような国では、支持は確実に増すであろうが、実行力が増すことはおそらくないであろう。

民主主義は、あらゆる統治形態のなかで、最も悪が少ない。二つの基準を双方とも満たそうとしているからである。いかなる民主主義も、正統性と効率性の健全なバランスをとろうとする。一方から批判されることもあるし、他方から批判されることもある。民主主義体制は、甲板上の船長のように立っている。うねりに応じて、重心を反対側へと移動するのである。だが今日、西洋民主主義諸国は正統性の危機とも効率性の危機とも格闘している。うねりどころではなく暴風雨に遭遇したような非常事態である。そのことを理解するためには、一面記事をまず飾ることのない数字を見なければならない。世論調査や選挙結果という小波に気をとられていては、大海流や気圧配置パターンを見失ってしまうであろう。

以下では、各国の中央政府を検討したい。言うまでもなく、中央政府以外にも地方政府、地域政府、超国家政府等があり、固有の力学や相互作用を伴っている。しかし、代議制民主主義の健全性を広く研究するには、中央政府を検討したほうがよいであろう。

さて、正統性の危機は、見まごうことのない三つの症状から明らかである。第一に、投票所に行く人が年々減少している。一九六〇年代には、ヨーロッパの八五パーセントを超える有権者が投票所に足を運んだ。九〇年代には、七九パーセントを下回った。そして、二一世紀の最初の一〇年間に、戦後最悪の七七パーセント未満にまで落ち込んだのである。[11]

絶対数で見れば、数百万人ものヨーロッパ市民がもはや投票所に足を運ぼうとしなくなっている。そしてそうした人々は間もなく、有権者の四分の一を占めるであろう。アメリカでは、事態ははるかに深刻である。大統領選挙の投票率は六〇パーセント未満になり、中間選挙の投票率はわずか四〇パーセント前後にとどまっている。西ヨーロッパでは、棄権が最も重要な政治的傾向になりつつあるが、決して話題にはのぼらない。ベルギーでは、義務投票制のおかげで棄権率は低い水準にとどまっている（過去一〇年間の平均棄権率は約一〇パーセントである）。とはいえ、棄権率は上昇しており、一九七一年に四・九一パーセントだったのが、二〇一〇年には一〇・七八パーセントになっている。[12] 二〇一二年のベルギー市議会議員選挙は大々的に報道されたにもかかわらず、過去四〇年間で最低の投票率にとどまった。アントワープやオーステンデといった都市では、棄権率は一五パーセントに達した。[13] とりわけアントワープの数字には衝撃が走った。市長選が数カ月間にわたって全国メディアを賑わせていたからである。二〇一二年九月のオランダ総選挙では、なんと二六パーセントもの有権者が投票に行かなかった。[14] 一九七七年総選挙では、わずか一二パーセントだったというのに。[15] 市民が最も重要な手続きである選挙に参加しようとしなくなれば、民主主義は深刻な正統性の危機に陥らざるをえない。そのとき、議会は依然として市民を代表しているといえるのであろうか。四年間、議席の四分の一を空席のままにしておくべきではないのだろうか。

第二に、有権者の棄権に加えて、浮動票という問題もある。ヨーロッパの有権者の投票率が低いだけでなく、投票先も一定していない。投票所に毎回足を運ぶ人は、今のところ選挙という手続きの正統性を十二分に理解しているのであろうが、同一政党への忠誠心はますます希薄になっている。有権者集団を代表するはずの政党も、その場かぎりの支持を集めているにすぎない。政治学者は「選挙の変易性」という枠組みで論じ、九〇年代以降、それが著しく上昇していると結論づける。一〇パーセント、二〇パーセント、それどころか三〇パーセント以上の有権者が浮動層だという事態が出来している。浮動層が支配的になり、政治的地滑りが常態化したのである。「今世紀に実施された選挙では、こうした新しい傾向が確認される」と最近の研究は述べる。「極右の急激な台頭（二〇〇二年のオランダ）、極右の急激な失速（二〇〇二年のオーストリア）が象徴するように、オーストリア、ベルギー、オランダ、スウェーデンは西ヨーロッパの最高記録を更新し、その結果、西ヨーロッパ史上で最も変易的な選挙結果が生じている[16]」。

第三に、政党に加入する人が年々減少している。[17] EU加盟国では、有権者の四・六五パーセントしか政党に所属していない。これは平均値であり、ベルギーでは、まだ五・五パーセントの有権者が党員証を所持しているが（一九八〇年には九パーセント）、オランダでは、わずか二・五パーセントにとどまる（一九八〇年には四・三パーセント）。しかし、どの国でも政党が衰退していることは疑いない。最近の研究は、これを「大変驚異的な」現象だとする。その研究者は、この現象を包括的に分析した後、次のような結論を下している。

党員の減少は、極端な例（オーストリア、ノルウェー）では一〇パーセントを超えるが、それ以外では五パーセント前後である。［七〇年代にようやく民主化した］ポルトガル、ギリシャ、スペインを除けば、どの国でも党員の絶対数が激減しつづけている。イギリス、フランス、イタリアでは一〇〇万人ないしそれ以上減少し、ドイツでは約五〇万人減少した。オーストリアもほぼ同様である。イギリス、ノルウェー、フランスの政党は一九八〇年代以降、党員の半数以上を失い、スウェーデン、アイルランド、スイス、フィンランドの政党は半数近くを失っている。驚異的な数字であり、党員であることの性格や意味が抜本的に変わったことを意味する。(18)

民主主義体制の最も重要なアクターと接触しようとする人が年々減少しているとすれば、そのことは民主主義体制の正統性にとって何を意味するのであろうか。政党がヨーロッパで最も信頼されない制度になっていることは、何を意味するのであろうか。それなのに、他ならぬ政党が気をもむことがほとんどないのは、いったいどういうわけなのであろうか。

第三節　効率性の危機──活力が低下している

民主主義の正統性が危機に瀕しているだけでなく、効率性も混迷を極めている。活力に満ちた統治は、いよいよ困難になりつつある。議会がある法案を可決するのに一五年を要することさえある。政権は長い交渉の末にようやく成立し、不安定であることも少なくない。次の選挙で有権者が政権与党に下す審判は厳しさを増している。選挙に参加する人は年々減少しており、選挙は効率性の妨げになりつつある。改めて三つの症状を概観することにしたい。

第一に、少なくとも複雑に入り組んだ連立政権を擁する国では、政党間の連立交渉はますます長引くようになっている。ベルギーでは、二〇一〇年六月以降、連立交渉がことごとく失敗し、一年半にわたって連邦政府が成立しなかった。世界新記録である。ベルギーだけでなく、スペイン、イタリア、ギリシャもそうである。これらの国では、前回の総選挙の後、連立政権が苦難の末にようやく成立した。オランダでさえ、ますます難航するようになっている。戦後、八〇日以上を要した連立交渉は九回あったが、そのうち五回が一九九四年以降に起こっている[19]。理由は様々であるが、その一つは、交渉期間がますます長引き、合意内容もいっそう詳細になったことであろう。そこでは、実に奇妙な変化が生じている。かつてないほど先行きが不透明になり、その時々のニーズに柔軟に対応することが時代の要請であるのに、政策は連立政権発足前に詳細に提示され確定されなければならない。連立与党間の不信は深まり、有権者の審判が下るのではないかとの懸念も膨らんでいる。どの政党も相応の果実を求めている。そのためには、できるだけ多くの政策をあらかじめ確定しておかなければならない。重要なのは、連立協定という乾燥地帯のなかで自党の政策という羊を捕獲することである。こうして、連立交渉が長引くようになったのである。

第二に、政権与党にたいする風当たりが強まっている。代議制統治の比較研究は最新の分野であるが、興味深い成果も少なくない。ヨーロッパにおける選挙の「見返り」に関する研究も、その一つであろう。与党は、次の選挙でどのような運命をたどるのであろうか。一九五〇年代や六〇年代には、政権与党は一パーセントから一・五パーセントしか次の選挙で得票率を下げなかったが、七〇年代には二パーセント、八〇年代には三・五パーセント、九〇年代には六パーセントに上昇した。二一世紀に入ると、八パーセント以上になっている。最近の選挙をみると、フィンランド、オランダ、アイルランドの与党は、前回投票してくれた有権者の、それぞれ一一パーセント、一五パーセント、二七パーセントを失っている。[20] 政権入りの代償がそれほど大きいとすれば、いったい誰が進んで統治の責務を引き受けようとするだろうか。政党助成金がたえず交付される仕組みがあり、政党財政が影響を受けないのであれば、野党に甘んじるほうが、さしあたりは極めて合理的な選択というものであろう。

第三に、統治にはますます時間がかかるようになっている。巨大インフラ整備は、アムステルダムの地下鉄南北線、シュトゥットガルトの中央駅の再開発、アントワープの環状道路の閉鎖、ナントの国際空港計画のように、まったく実現しなかったり、ほとんど実現しなかったりする。ヨーロッパの中央政府は、その権威や権限の多くを失ってしまった。数十もの地域的・国際的アクターが関与しているからである。そうしたプロジェクトは、かつては名声や実力の源泉だったが、今では政府にとっての悪夢でしかない。オランダのデルタ計画やアフシュライトダイク〔締め切り大堤防〕、TGV〔フランスの高速鉄道〕、英仏海峡トンネルといった誇らしい時代は、すでに過ぎ去ってしまった。トンネルや橋梁の建設がもはや不可能だとすれば、中央政府はその権限で、いったい何ができるのであろうか。何かをしようと思っても、ほとんど何もできないのである。その手足は債務、EUの規制、アメリカの格付機関、多国籍企業、国際条約に縛られているからである。主権は国民国家の土台だったが、二一世紀初頭には著しく相対的な概念になってしまった。その結果、もはや中央政府は我々の時代の大きな課題――気候変動、金融危機、ユーロ危機、経済危機、海外投資詐欺、移民、人口過剰――に効果的に取り組むことができなくなっている。

権力喪失は、この時代を読み解くカギである。市民が政府にたいして、政府がヨーロッパにたいして、ヨーロッパが世界にたいして権力を喪失しているのである。誰もが希望と信頼を失い、ただ絶望と憤懣を胸に抱いて、瓦礫の山の上でうつむき、そして天を仰ぐ。今日の権力は、完全に壊れたハシゴのようなものである。

政治はいつの時代にも可能性の技術だったが、今日では粗探しの技術になっている。構造的な問題に取り組めない一方で、瑣末な事柄が過度に注目され、メディア狂騒曲がそれを煽りたてる。その結果、現実の問題を洞察するよりも、市場の論理に忠実に従い、些細な対立を誇張するほうが重要であると見なされるようになった。メディアの収益が落ち込んでいれば、なおさらである。言い換えれば、日々移ろいゆく「空気」が、かつてないほど支配的になっている。そのことは、二〇〇九年にオランダ国会が詳細に検討した。議院運営委員会は報告書に反省の弁を記し、多くの自己認識を示している。

政治家は次の選挙で生き残るため、たえず点数稼ぎをしたい。商業化の度合いを強めるメディアは、政治家によろこんで舞台を提供する。三つの部門［政治、メディア、経済界］は相互に支えあい、いわゆる「バミューダ・トライアングル」を形成している。この魔の海域は不可解にもすべてのものを引きずり込むが、何が起こったのか誰にも分からないのである。……それどころか、政治とメディアの相互作用は、政治が瑣末主義化した重要な要因であるように思われる。メディアは、ニュースを飯のタネにしている。ジャーナリストと話せば分かるように、メディアの関心を惹くのは見事な討論ではなく（実際なされているのに）、瑣末な事柄なのである。[21]

瑣末主義とは言い得て妙である。数字は嘘をつかない。ここ数年、オランダ国会では質疑や質問、動議や緊急討論がかつてないほど矢継ぎ早に実施されるようになり、それにともない、テレビの政治討論番組は高い視聴率をたたきだしている。カメラが回り始めれば、議員は点数稼ぎをしたいし、そうしなければならない。「国会議員は日々「当惑し」、「ショックを受け」、「実に不愉快な思いをしている」」と、ある情報提供者は報告書で述べる。「一九世紀のオランダ下院には古参の法律家が多すぎたが、今日では少なすぎる」[22]。

出世が統治に勝り、選挙熱が慢性疾患になり、妥協が決まって裏切り呼ばわりされ、政党政治が絶えず軽蔑され、与党が次の選挙で手痛い敗北を喫するとすれば、理想に燃えた若者が政治の世界に足を踏み入れようと思うだろうか。議会は、貧血寸前である。情熱を抱いた新人を発掘することは、年々困難になりつつある。このことは、効率性危機の副次的症状である。政治家という職業は、教師と同じように威信を失ってしまった。かつては尊敬を集めた立派な職業だったのに、今では卑しい生業になり下がってしまったのである。その意味において、『探し出し繋ぎ止めること』（*vinden en vasthouden*）という、新人発掘用のオランダ語パンフレットのタイトルは意味深長である。[23]

繋ぎ止めることは、だが、容易ではない。政治的才覚のある者でも、かつてより早く燃え尽きやすくなっているからである。欧州理事会議長を務めたヘルマン・ヴァン・ロンパイは最近、次のように述べている。「これまでのような民主主義のやり方では、人々は、恐ろしいほどのスピードの直中で「消耗してしまう」。民主主義自体が消耗しないよう、くれぐれも用心しなければならない」[24]。

効率性が直面する危機の核心は、ここにある。民主主義は骨抜きになっているのに、驚くほど騒々しくなっている。今日の政治家は、部屋の片隅に座り、おのれの無力に困惑したり行動範囲の制約に思い悩んだりするのではなく、自身の力量を声高にアピールできるし、アピールしなければならない（選挙やメディアは、政治家にそれ以外の選択肢を与えてはくれない）。その際、こぶしをにぎりしめ、足を踏ん張り、口は固く閉じておいたほうがよい。見栄えがよく、力強く見えるからである。政治家はそのように考えるのである。政治家はまた、権力関係が変化したことを素直に認めて、新しい形態の意味ある統治を探究するのではなく、選挙ゲームやメディア・ゲームをしつづけなければならない。そうしたゲームは政治家の意思に反しているだけでなく、すべてに嫌気がさし始めた市民の意思に反していることも少なくない。結局、不自然極まりない見え透いたヒステリーも、市民の信頼を取り戻す類のものではない。効率性の危機は、正統性の危機を悪化させるだけでしかない。

その結果は、予想通りである。西洋民主主義諸国を苦しめている症状はとらえどころがなく、次から次へと襲いかかってくる。しかし、棄権、浮動票、無党派層、統治の機能不全、政治的停滞、落選の心配、政治家の発掘不足、強迫的な出世主義、慢性的な選挙熱、うんざりするようなメディアのストレス、疑念、無関心といった激しい痙攣発作を並べてみれば、民主主義疲れ症候群（*Democratisch Vermoeidheidssyndroom*）の輪郭が浮かびあがってくるであろう。まだカルテには記載されていないが、西洋社会の多くは間違いなくこの疾患に苦しんでいる。それでは、この症候群については、いかなる診断が下されてきたのであろうか。それらの診断を一瞥していこう。

第2章

診断

民主主義疲れ症候群については様々な分析があるが、次の四つの診断に分類することができる。責任は政治家にあるとする診断、民主主義にあるとする診断、代議制民主主義にあるとする診断、そして代議制民主主義の一変種、すなわち選挙型代議制民主主義にあるとする診断である。以下では、それらの診断を順に検討することにしたい。

第一節　責任は政治家にある――ポピュリズムの診断

政治家は地位を追求し、カネに貪欲であり、政治に寄生する人々である。普通の市民とは別世界に住む利益追求者であり、市民の生活に関わろうとはしない。一人残らず公職から追放したほうがよい――そのようなスローガンはよく知られている。ポピュリストはことあるごとに、こうしたスローガンを掲げる。彼らの診断に従えば、民主主義の危機とは政治的人材の危機にほかならない。その論法では、今日の統治者は民主的エリート、すなわち一般市民の要求や不平とは完全に切り離されたカーストを形成している。民主主義が暴風雨にさらされているのは驚くに値しない！

こうした言説は、ヨーロッパでは、シルビオ・ベルルスコーニ〔イタリア〕、ヘールト・ウィルダース〔オランダ〕、マリーヌ・ル・ペン〔フランス〕といったベテラン指導者が口にしているだけではなく、イタリアのベッペ・グリッロ、オーストリアのノルベルト・ホーファーといった新参者、ヨビック（ハンガリー）、真正フィン人党（フィンランド）、黄金の夜明け（ギリシャ）といった政党も口にしている。英語圏では、ナイジェル・ファラージ〔イギリス〕や、もちろんドナルド・トランプ〔アメリカ〕といった人物の台頭が著しい。彼らによれば、民主主義疲れ症候群の治療法は比較的単純であるという。すなわち、より良い国民代表、さらに言えばより国民的な国民代表である。その際、みずからのポピュリズム政党が多くの票を得ていれば望ましい。その指導者は、国民の直接の代弁者、感情のスポークスマン、「良識」の体現者を自負する。そして、他の政治家とは違い、市井の人々に寄り添っていると主張する。市民の言いたいことを言い、市民のしたいことをする。ポピュリズムを掲げる政治家は国民と一心同体だというのが、ポピュリストのレトリックである。

こうした言説がまやかしであることは、よく知られている。一枚岩の「国民」など存在しない（いかなる社会も多様な人々から成立している）。「国民感情」などというものは存在しないし、「良識」なるものもまったくのイデオロギーにすぎない。「良識」とはイデオロギー性を自覚するのに失敗したイデオロギーであり、ありのままの自然だと大真面目に考えている動物園のようなものである。ある人が大衆と有機的に結合し、大衆の価値観を理解し、大衆の移ろいやすい願望を正しく認識できるなどというのは、政治ではなく神話に近い。政治の世界では大海流など存在せず、調査してみるしかない。

ポピュリストは政治的起業家であり、できるだけ市場を占有しようとする。必要とあらば夢物語を利用することさえ厭わない。だが、権力を握った後、考えの異なる人々をどのように扱おうとしているのか、明らかではない。民主主義とは多数派による支配ではあるが、少数派の尊重をともなっていなければならない。そうでなければ、例の「多数派の専制」に堕してしまい、状況はいっそう悪化するだけであろう。

そのためポピュリズムは、病んだ民主主義の治療法としては、あまり期待できない。しかし、治療法が悪いからといって、その診断も無価値だということにはならない[25]。現代の国民代表はたしかに正統性に問題を抱えており、ポピュリストの言い分にも一理ある。我々の議会には高学歴の議員が異様に多く、学歴民主主義（diplomademocratie）が云々されるのもあながち間違いではない[26]。加えて、新人発掘にも問題がある。社会学者のJ・A・A・ファン・ドールンによれば、かつて国民代表は「社会的に何かしら重要な存在だったがゆえに」選出されていた。今日、我々の目の前にいるのは、ポピュリストも含めて、ますます多くの「職業政治家であり、その多くは、経験よりも野心を抱いた若者である。彼らは選出されたがゆえに重要な存在になる[27]」。また、議員の地位を期間限定の公務――数年間、社会に奉仕する――と見なすのではなく、有利な経歴、正式な稼業と見なす傾向も問題である。父親から息子への世襲すらある。その結果、フランダース地方には複数の「民主的王朝」が出来している。ド・クロー家、ド・グヒュト家、ド・クレルク家、ヴァン・デン・

ボッシェ家、トバック家はすでに二代目になっている。名家の出であることは、議会へのチケットを手にしているようなものである。往年の一流政治家がオフレコで打ち明けてくれたように、「別の名字だったら市議会議員にさえなれなかった者もいるだろう」。

ポピュリズムを反政治の一つだと一蹴するのは、知的に不誠実であるように思われる。好意的に見れば、ポピュリズムは、代表の正統性を高めることによって民主主義の危機に挑もうとしている。ポピュリストは、単純だが断固たる介入によって民主主義疲れ症候群に挑もうとしている。すなわち、できるだけ大量の輸血をすることである。新しい国民〔＝血〕を議会へ！　そうすれば、あとはなるようになるだろう。

ポピュリズムに反対する者は、それで効率性は大丈夫なのか、と疑問を呈する。別の政治家が乗りこんでくれば、より良い政府になるのだろうか、と。彼らが問題視するのは民主主義の人材ではなく、民主主義そのものである。

第二節　責任は民主主義にある――テクノクラシーの診断

民主的な意思決定には時間や労力がかかるため、民主主義自体に疑念を抱く者もいる。たとえばユーロ危機という巨大かつ喫緊の課題に直面し、より効率的なシステムが探究されるようになった。

真っ先に候補に挙がったのがテクノクラシーである。テクノクラシーでは、公的な問題の処理は専門家に委ねられる。専門知識を持つ人々は、船でひしめきあった現代の運河を航行するかのように国を操らなければならない。テクノクラートは、政治家の地位に就いた経営者である。選挙の心配をする必要がなく、長期的な解決策を考えることもできるし、人々の嫌がる政策を明言することもできる。彼らにとって政策とは、市民工学ないし「問題管理」である。

テクノクラシーは、ビジネスの将来を案ずる（財界）エリートの道具にすぎない、と見なされることも少なくない。だが、ポピュリズムは大衆のためのもので、テクノクラシーはエリートのためのものなのであろうか。こうした認識は、事実からはほど遠い。アメリカの研究によれば、普通の人々も、選挙で選出されていない専門家や起業家に権力を託したがっている。有名な研究書『ステルス・デモクラシー』の著者は「人々は、権力に飢えた人よりも権力に飢えていない人に権力を託したがるであろう」と記す。ほとんどの市民は、民主主義がステルス機のように隠密かつ効率的であることを望んでいるという。「成功した実業家や独立した専門家は、一般市民の生活に必ずしも理解がない人物でさえ、権力をむさぼらない有能な個人と見なされる。多くの人にとってはそれだけで十分であり、少なくとも今の代議士よりはマシなのである」[28]。

今日のテクノクラシー型の抗議は、その大半が一九九〇年代の「脱政治的」思考に基づいている。「第三の道」、「新しい中道」、「左右共存」の時代になり、イデオロギー対立は過去のものになったと信じられるようになった。左派と右派は数十年にわたる闘争の末、突如として手を組み始めた。解決策はすでに存在し、あとは実施するだけでよい。それこそが「良き統治」の問題だとされたのである。「これ以外に選択肢はない」(there is no alternative) というＴＩＮＡ原理がイデオロギー闘争に取って代わった。政治のテクノクラシー化の基礎は、すでに築かれていたのである。

そうしたテクノクラシー的転換の典型例は、近年、選挙で選出されていない首相が政府を率いたギリシャやイタリアである。ルーカス・パパディモス首相は二〇一一年一一月一一日から二〇一二年五月一七日まで、マリオ・モンティ首相は二〇一一年一一月一六日から二〇一二年一二月二一日まで権力の座にとどまった。財政や経済の専門知識——パパディモスは銀行家であり、モンティは経済学教授である——が、危機の直中で切り札と見なされたのである。

しかしテクノクラシーは、それ以外の目立たない場所でもいたるところで発生している。ここ数年、各国議会の膨大な権限が欧州中央銀行、欧州委員会、世界銀行、国際通貨基金といった超国家機関へと移譲されている。民主的に選出されたわけではないため、意思決定の著しいテクノクラシー化が進行している。銀行家、経済学者、金融アナリストが一体となって権力の舵取りをしているのである。

国外の機関に当てはまるだけではない。実際には、どの近代国民国家も民主的空間から権力を奪い、他の空間に収めることで、テクノクラシー化の度合いを強めている。たとえば、中央銀行や憲法裁判所の権限は肥大化した。金融監督や憲法審査といった重大な職務を政党政治の触手や選挙上の打算から切り離すのが賢明であると政府が判断したのは明らかである。

これは、悪いことなのであろうか。テクノクラシー的な統治が良い結果をもたらす場合があることは間違いない。中国の「経済的奇跡」は、その好例である。イタリアでは、マリオ・モンティのような政治指導者は、シルビオ・ベルルスコーニに比べて、公的な問題に関する良き管理者だった。しかし、効率性がおのずから正統性をもたらすわけではない。財布の紐を締めた途端、テクノクラートへの信頼は、太陽に照らされた雪のように、またたく間に解けてしまうであろう。二〇一三年二月の総選挙では、モンティはわずか一〇パーセントしか得票できなかったのである。もっとも中国は、官治文化への不満を抑え込むための独自の手法を有しているのだが。

とはいえ、新興国家がテクノクラシー段階から始まることも少なくない。この点を考えただけでも、テクノクラシーをタブー視するのはナンセンスである。一九五八年のシャルル・ド・ゴールの第五共和政しかり、二〇〇八年のコソボしかり。国家は、民主的正統性をもって誕生するとはかぎらない。革命後の過渡期においては、選挙で選ばれたわけではないエリートが暫定的に権力を掌握する。だがそれも、選挙やレファレンダムがじきに実施されるまでの話である。そうなれば、信頼の歯車が回りはじめ、事後的に正統性が生じるであろう。短期間であれば、テクノクラシーはカンフル剤になりうるが、長期的には、そうした統治は維持できないであろう。民主主義は人民の﹅た﹅め﹅

の政治であるだけでなく、人民による政治でもある。

テクノクラートは、ポピュリストとは正反対のことをする。正統性よりも効率性を優先させて、民主主義疲れ症候群を治療しようとする。良い結果こそが最終的には被統治者の承認をもたらすこと、言い換えれば、効率性がおのずから正統性をもたらすことを期待しているのである。そうした試みは、少しの間であれば成功するかもしれない。だが政治とは良き統治の問題にとどまらず、それ以上の問題である。遅かれ早かれ道徳上の選択をしなければならず、そのためには社会に諮ることが欠かせない。それでは、どのように諮るべきなのであろうか。「議会において」というのが教科書的な回答であろう。だが、議会は依然として、それにふさわしい場なのであろうか。多くの人がそのように自問している。ここで我々は、第三の診断に直面することになる。

第三節　責任は代議制民主主義にある——直接民主主義の診断

二〇一一年八月二日、ニューヨークのボウリング・グリーンパークで円陣を組んで座り込んだ一二人がいた。[29] その日、最近のアメリカ史において最も驚嘆すべき出来事の一つが佳境に入った。それに先立つ数週間、数カ月間、民主党と共和党は債務限度額の引き上げについて合意できないでいた。[30] 民主党は、連邦政府の業務を続けるためには国際金融市場で資金調達するしかないと主張した。これにたいして共和党は、オバマが福祉受給を最も必要とする者への予算を大幅に削減すれば、それに賛成するとした。ティーパーティーにせきたてられた共和党は、一歩も譲らなかった。まずは削減せよ、そうすれば話し合いに応ずる、と。民主党は、最貧困層への予算を大幅に削減するよりも、最富裕層にもう少し課税したほうが公平であると考え、共和党の恫喝に屈しなかった。そもそもアメリカの債務は、共和党が引きずり込んだ馬鹿げたイラク戦争によって膨れあがったのではないか、というわけである。

審議は暗礁に乗りあげ、連邦政府が債務や給与を支払えなくなる日が刻々と近づいてきた。その日が二〇一一年八月二日だったのである。それは自転車競技のトラックスタンド（静止均衡）のようなものである。ゴール直前、先頭二者がほとんど動かずに相手の出方をうかがっている。どちらかが飛び出さなければ、後続集団によってあっという間に追い越されてしまうであろう。そうなれば、深刻な不景気がアメリカを襲っていたであろう。それどころか、世界恐慌に陥っていたかもしれない。最大の経済大国の金庫がカラッポになれば、世界はひとたまりもないからである。テクノクラシー国家の中国が民主主義国家のアメリカに向かって、度をこさないようにと忠告しさえした。政党の利益も大事だが、政治家精神も忘れてはならない、と。結局、民主党が折れ、共和党が勝利を収めた。まるで二〇一二年大統領選挙が始まったかのようであった。

ボウリング・グリーンの一二人は、一連の事態にうんざりした。二大政党の馬鹿げた主導権争いは、世界経済全体を危機に陥れる寸前だったのである。連邦議会は今なお、国民代表が公共の利益に奉仕するための集合体なのであろうか。それとも、下院や上院は、ますます危険な火遊びをするようになった政党の遊園地なのであろうか。

ところで、ボウリング・グリーンの一人に、ニューヨークに住むギリシャ人アーティストがいた。[31] 彼女は、ただ抗議するだけでなく、アテネで目撃した方法、すなわち公開の場で「市民集会」を開こうと訴えた。通りかかった人は誰でも参加して発言してよい。そして、ある提案をめぐって賛成か反対かの意見を交わし、全員で合意を探るのである。対等な直接民主主義の経験は、代議制民主主義における口喧嘩の代替として、またたく間に広まった。ボウリング・グリーンの集会は、数週間、数カ月間にわたって膨らみつづけた。「ウォール街を占拠せよ」（オキュパイ運動）が産声をあげたのである。

ウォール街とそのスローガン「われわれは九九パーセントだ」を引き合いに出せば、次のことに気づくであろう。運動は経済を争点としていたが、その根底には代議制民主主義にたいする大きな不満が渦巻いていたことである。[32] 参加者の一人は、こう語っている。

連邦議会では、アメリカ国民に奉仕することが共通の目的であると主張されるが、実際には政党が権力闘争を繰り広げているにすぎない。……選挙で選出された国民代表は、……自党を支持する人々の立場、選挙資金を提供する富裕なエリートの立場を代表しているにすぎない。もちろん転倒している。ここで、九九パーセントの人々が抱く最大の不満に突き当たる。我々の代表は、我々を代表してはいない。[33]

二〇一一年秋、ズコッティ公園に数週間テントを張った占拠者たちは、カイロのタハリール広場やマドリードのプエルタ・デル・ソルのデモ参加者にヒントを得た。毎日二回、市民集会を開いたのである。それは、議会外の一種の「議会」であり、政党なしの政治フォーラムであった。選挙で選出された国民代表を経由することなく、自由に提案し討議することができたのである。市民集会が運動の中心になり、またたく間に独自の方法を編みだした。なかでも強い印象を与えたのが市民メガフォン（*people's mic*）である。拡声器の使用は禁止され、数百人が参加する集会でさえ、いっさいはマイクを使わずに肉声で話された。誰かが発言すると、近くの人がその発言を繰り返し、その近くの人がまた繰り返す。メッセージが波のように一周するまで続くのである。人々は、決まった手振りで賛成か反対かを示したり、補足説明を求めたりした。集会には議長も議員団長もスポークスマンもいなかった。せいぜい、集会がうまく進むように管理する進行係が若干名いたにすぎない。合言葉は水平性だった。[34]

こうして九月二三日、オキュパイ運動の最初の公式文書『連帯の原理』が現れた。その第一原理は、カジノ資本主義でもグローバリゼーションでもボーナス文化でも金融危機でもなく、民主主義だった。「参政権が奪われた」という感覚への対応として真っ先に掲げられたのは「直接的・透明的な参加民主主義に携わること」であった。[35]

他の西洋諸国でも、人々は民主主義の改善を求めて街頭に繰り出している。スペインでは「怒れる者たち」(Indignados) が「今こそ真の民主主義を！」(¡Democracia Real Ya!) をスローガンに掲げた運動へと発展した。アテネのシンタグマ広場では、ギリシャ議会を取り囲んだ数万人ものギリシャ人が真の民主主義を求めるスローガンを叫んだ。アムステルダムのベルラーへ証券取引所、ロンドンの証券取引所、フランクフルトの欧州中央銀行の周囲にはテントが立ち並んだ。ドイツでは「怒れる市民」(Wutbürger) がシュトゥットガルトの中央駅の再開発、フランクフルト上空の夜間飛行、ミュンヘン空港の第三滑走路建設、核廃棄物の鉄道輸送に抗議した。「怒れる市民」は、二〇一〇年の流行語に選ばれている。私が立ちあげに関わったベルギーのG1000は、政治的意思決定において市民参加を拡大しようとする取り組みである。インターネット上では、アノニマスや海賊党が台頭している。

雑誌『タイム』は二〇一一年一二月、抗議する人々を「その年の顔」に選んだ。ロンドン・スクール・オブ・エコノミクスはその直後、ヨーロッパにおける「地下水脈の政治」(subterranean politics) の急速な台頭に関する大規模な国際共同研究を手がけた。その成果は非常に重要である。

我々のプロジェクトがもたらした最も重要な知見は、様々な抗議、行動、啓発、取り組みが例外なく、現在の政党政治に根強い不満を抱いている、ということである。「怒り」「憤慨」「失望」といった言葉がそうした不満を示している。……ドイツ社会は他のヨーロッパ社会に比べれば、緊縮財政の悪影響ははるかに少ない。……にもかかわらず、他の国々と同じく、地下水脈の政治が突如として公的な場に姿を現すようになっている。現在の抗議は単に緊縮財政をめぐる抗議ではなく、政治をめぐる抗議だからである。[36]

抗議者の多くにとって、診断は自明である。民主主義疲れ症候群の責任は、現代の代議制民主主義とその腐敗した構造や儀式にある。そう考える人々は、現代民主主義が機能不全に陥っているという点では、テクノクラートに同意する。しかし、(テクノクラートが提唱するように)現代民主主義を廃止しようとはせず、むしろ改善しようとする。それでは、どうやって改善するのか。(ポピュリストが提唱するように)議会に新しい人を送り込むことによってではありえない。彼らに言わせれば、死に体に輸血しても回復の見込みなどないからである。加えて、ポピュリストの指導者崇拝も好まない。あまりにも垂直的な関係であり、一種の白紙委任に陥ってしまうというのである。それでは、どうすればよいのか。テクノクラートの唱える効率性も、抗議する人々にとっては、それほど重要ではない。時間のかかる興味深い集会方法が示しているように、即効性よりも正統性を重視しているのである。

「ウォール街を占拠せよ」や「怒れる者たち」をつぶさに観察すると、目を引くことがある。それは、激しい反議会主義が渦巻いていることである。ニューヨークでは「我々の代表は我々を代表していない」と言われた。マドリードでは、次のように述べた人がいる。

スペインでは、政治階級の大半は、我々の声に耳を傾けようとすらしない。でも、社会全体の利益になるように、政治家は我々の声に耳を傾け、市民の直接的な政治参加を実現しなければならないよ。我々を犠牲にして私腹を肥やし、大企業の顔色ばかりうかがうのじゃなくてね。[37]

占拠する者たちや怒れる者たちは、自分たちの民主主義に付ける形容詞を探し求めている。新しい民主主義、「深層民主主義」、水平型・直接型・参加型・「合意志向型」民主主義、要するに「真の民主主義」。彼らから見れば、議会や政党は完全に陳腐化している。彼らは、対立に合意を、投票に熟議を、劇場型の論争に尊重型の傾聴を対置する。特定の指導者を拒絶し、具体的な要求を持たない。既存の運動からの協力要請に不信感を抱く。「怒れる者たち」がブリュッセルの街頭を行進した際、政党ばかりか労働組合の旗を掲げることすら歓迎しなかった。政党も労働組合も体制の一部にすぎないと感じていたからである。

ヨーロッパでこれほど激しい反議会主義を目の当たりにしたのは、戦間期以来である。第一次世界大戦と二〇年代の危機は一九世紀のブルジョア民主主義の産物であると多くの人が見なした。そこで三人の指導者は、議会制に矛先を向けた。その三人の名はレーニン、ムッソリーニ、ヒトラーである。今日では忘れられがちだが、ファシズムとコミュニズムは元来、民主主義を活性化する試みであった。議会を廃止すれば、国民と指導者がこれまで以上に一体化できるようになり（ファシズム）、人民が直接統治できるようになる（コミュニズム）というのである。ファシズムはすぐに全体主義へと堕したが、コミュニズムはしばらくの間、新しい形態の集合的熟議を模索しつづけたのである。

ここでもう一度、埃をかぶったレーニンの著作を引っ張り出してきても無駄ではあるまい。レーニンは有名な『国家と革命』（一九一七年）において、議会制の揚棄を唱えた。「議会では、おしゃべり以外のことはしない。その唯一の目的は「従順な国民」を騙すことである」。選挙という手続きに関するレーニンの言葉は、ニューヨークやマドリードでも響き渡ったかもしれない。「支配階級の誰が数年間、議会において人民を踏みつぶすかを定期的に決めることが、ブルジョア議会主義の紛れもない本質である」。それでは、議会に取って代わるものは何か。レーニンにヒントを与えたのは、一八七一年のパリ・コミューンである（「コミュニズム」という言葉の由来ですらある)。

脳髄の腐ったブルジョア社会の腐敗した議会主義にたいして、コミューンは、自由な意見表明や討論が欺瞞に陥らない機関を対置する。……代議機関は残るが、特殊な制度としての、立法と執行の分業としての、代議士の特権としての議会制はもはや存在しない。[38]

オキュパイ運動の支持者のなかには、ズコッティ公園の占拠者をパリ・コミューンになぞらえる者もいるが、それは些細なことである。最良の人々でさえパトスに飲み込まれてしまうことがあるからである。[39]だが、議会制に激しく挑みかかろうとする運動が歴史を知らず、実現可能な対案も考えていなかったことは、戦略的に脆弱だっただけでなく、とてつもなく無謀だった。彼らは本当に現在のモデルを打破しようとしていたのか。どのような未来を描いていたのか。どのように平等や自由を確保し、どのように失敗を回避できるのか。熟議モデルのような重大なものに手を加えようとする場合、情熱や対案だけでは十分ではない。フランスの偉大な民主主義哲学者であるピエール・ロザンヴァロンは、正しくも警鐘を鳴らした。「民主主義を強化しようとする際、ソビエト連邦で生じたように、その矛先が自分自身に向かい、全体主義に陥りかねない[40]」。

スロベニアの哲学者スラヴォイ・ジジェクは、ニューヨークの占拠者たちと話をした際、自己陶酔に陥らないよう忠告した。残念ながら、忠告とは逆のことが生じた。アメリカのジャーナリストであるトーマス・フランクは痛烈なエッセイにおいて、運動が参加や「直接民主主義」を崇拝しきっており、手段が自己目的化していると語っている。

民主的闘争という文化を創造することは、戦闘的な集団にとっては有益なことなのであろう。しかし、それは出発点にすぎない。「ウォール街を占拠せよ」は、それ以上先には進まなかった。……ストライキを打てなかったし、職業紹介所も閉鎖できなかったし、大学の学長室を占拠することもできなかった。……支持者にとっては、水平文化が闘争の最高到達点だった。抗議した人々は「プロセスこそがメッセージである」と口を揃えたのである。[41]

オランダの社会学者ウィレム・スヒンケルは、それに補足した。「オキュパイ運動はある意味ではイデオロギー的抵抗の二番煎じである。既存の対抗イデオロギーとは比べものにならないほど、対抗イデオロギーへの希求が中核を成している[42]」。

オキュパイ運動が示したのは治療法ではなく、むしろ疾患である。代議制民主主義の診断は的確だったが、その対案は心許なかった。たしかに市民集会の参加者にとっては、疑いなく感動的で心躍る経験だったであろう。穏やかに成熟した熟議をする共同体の一員であるという感覚は、強烈であるかもしれない。少なくとも議会やメディアがもはや範を示さなくなっているときには、市民的徳性は十分には育まれないであろう。しかし、そのプロセスがどのように真の政策転換に結びつくかは、残念ながら、まったく探究されていない。ステファン・エセルはフランスの外交官であり、レジスタンスのヒーローであり、そのパンフレット『怒れ』(*Indignez-vous*)は「怒れる者たち」の由来になった。そのエセルは、関与《アンガージュマン》なき怒りでは十分ではなく、政府に影響を与えようとしなければならないと繰り返し力説した。「周辺ではなく権力の中枢で関与しなければならない」[43]。

＊

これまで検討してきた三つの治療法は、それぞれ危険であるように思われる。ポピュリズムは少数派にとって危険だが、テクノクラシーは多数派にとって危険である。反議会主義は自由にとって危険である。

しかし、ヨーロッパでは近年、周辺での象徴的抗議に飽き足りない運動も生じている。それらの運動は「権力の中心」を射程に収めており、「新議会主義者」と名付けることができるであろう。二〇〇六年にスウェーデンで誕生し、ドイツでは一時、事実上の第三党になった「海賊党」がその一例である[44]。オランダでは、G500というグループが巧みに大政党や議会に入り込もうとしている[45]。イタリアでは、ベッペ・グリッロの五つ星運動が第三党に躍り出た[46]。

新議会主義運動で目を引くのは、新しい形態の参加によって代議制民主主義を強化しようとしていることである。海賊党は、もともとはデジタル社会に適した権利を求めるプラットフォームだったが、直接民主主義によって代議制民主主義を豊かにしようとする政治運動へと発展した。[47] オランダのG500の場合、五〇〇人以上の若者が三つの中道政党に一斉に入党した。各党の選挙公約に影響力を行使できるようにするためである。その後、Stembreker〔G500が開発したサイト〕を使って戦略的に投票し、自分の一票を有効に活用しよう、と有権者に呼びかけている。その目標はここでも同じである。公約作成にも連立交渉にも、これまで以上に参加することである。五つ星運動の指導者はポピュリズム的レトリックを駆使する一方、新しいルールを定めて、より良い国民代表にしようとする。そのルールとは、前科のある者を議員にしないこと、終身議員を廃止すること、三選を禁止することである。これらが実現すれば、一般市民がこれまで以上に政治に参加する道が拓けるに違いない、というわけである。

これら三つの取り組みには、もう一つ目を引くことがある。それは、電光石火のごとく始まりメディアの関心を引いたのに、市民やメディアは潮が引くように静まりかえってしまったことである。最初は脚光を浴びていたのに、わずか数カ月後にはゴミのように捨てられてしまったのである。議員になったからといって、メディアで活躍できるわけではない。四年あれば、国民代表の職責を果たすのに成長できるかもしれない。だが、選挙の翌日からラジオで点数稼ぎをしなければならない。

できることなら気の利いたことを言い、博識であることを示し、いかにも第一人者であるかのように見せなければならない。素人感覚《アマチュアリズム》は評価されても、素人《アマチュア》はそうではない。政策を提言する前に潰されかねない。才気や理想というものは、またたく間に燃えつきてしまう。新しい運動は議会に背を向けていない点で、たしかに評価できるであろう。しかし、我々の社会のように、人の目にどのように映るかがすべての社会では、選挙に勝つだけでは十分ではない。

たしかに民主主義疲れ症候群は、代議制民主主義の弱点に起因している。しかし、反議会主義も新議会主義も流れを変えることはできないであろう。いずれも代表することの意味を掘り下げてこなかったからである。反議会主義は代表から顔をそむけてきたが、新議会主義はまだ代表を信じている。だがいずれも、代表——正式の審議機関において国民を代表する者——が選挙と密接不可分であることを自明視している。いまや我々は、そうした前提自体を子細に検討しなければならない。

第四節　責任は選挙型代議制民主主義にある——新しい診断

代議制民主主義を強化し、かつての輝きを取り戻すべく、近年、幾つもの提案がなされてきた。たいてい、新しいルールの提案という形をとる。たとえば公務に携わる者は、公職と企業経営等の兼業をしてはならず、収入や資産を公開しなければならない。政党に関する新しいルールも提案されてきた。政党は財務状況を透明化しなければならず、政党助成金の厳格な要件を満たさなければならない。また、関連書類も公開しなければならない。最後に、選挙についても新しいルールが提唱されてきた。選挙後に一息つけるように、国政選挙、地方選挙、欧州議会選挙は同日に施行されなければならない。新しい選挙区、新しい集計方法、新しい有権者資格といった改革も実現しなければならない。長期的視野に立った選択を可能にするためには、子ども票をその親に与えないままでよいのであろうか。政党支配を緩和するために、複数政党に同時に投票できるようにすべきではないのだろうか。人物への投票に加えて、見解への投票（レファレンダム）も確たる地位を占めるべきではないのだろうか。

　こうした提言はことごとく有益であり、その幾つかは不可欠ですらある。だが、これらがすべて実現したとしても、問題が全面的に解決することはない。なぜならば、民主主義疲れ症候群の原因は代議制民主主義それ自体ではなく、その一形態としての選挙型代議制民主主義（*electoraal-representatieve democratie*）、すなわち選挙によって国民代表をその地位に就ける民主主義であるからである。この点は、もう少し説明する必要があるだろう。

「選挙」と「民主主義」は、ほとんどの人にとって同義語である。我々は、代表を選ぶには投票所に足を運ぶしかない、という考えに囚われている。そうした考えは、そもそも一九四八年の世界人権宣言にも見られる。「国民の意思が政府の権限の基礎にならなければならない。その意思は、定期的に実施される公平な選挙によって表明されなければならない」〔第二一条第三項〕。「表明されなければならない」というフレーズが、我々の物の見方を端的に示している。民主主義について語っているはずなのに、選挙について語っているのである。しかし、そうした一般的文書——人類史上、最も普遍的な法的文書——が、国民の意思がどのように表明されなければならないかを詳細に規定するのは、奇妙ではないのだろうか。基本的人権に関する短いテクスト——すべて合わせても二〇〇〇語に満たない——がその実施方法にも踏み込んでいるのは、異様ではないのだろうか。国民の健康に関する法案に料理のレシピも入っているようなものではないのだろうか。一九四八年のテクストの起草者にとっては、その方法がいつの間にか基本的人権にすらなっているかのようである。あたかも手続き自体が神聖であるかのように。

ここに、民主主義疲れ症候群の根本原因がある。我々はことごとく選挙原理主義者（electorale fundamentalisten）になってしまっているのである。我々は選挙で選出された人々を軽蔑しているのに、選挙自体は崇拝している。選挙原理主義とは、選挙のない民主主義など考えられず、民主主義について語るためには選挙が必要不可欠の条件であるとする、揺るぎなき信仰である。選挙原理主義者は選挙を、民主主義を実践する一つの方法とは見なさない。目的それ自体と見なし、誰にも譲渡できない本質的価値を備えた神聖な原理と見なしている。

投票所に足を運ぶことが国民主権の究極的土台だという信念は、外交の世界ではとりわけ根深い(48)。

西洋の支援国がコンゴ、イラク、アフガニスタン、東ティモールといった崩壊国家に民主化を期待する際、これらの国は選挙を実施しなければならないとされている。仕切りのある投票記載台、投票用紙、投票箱、政党、選挙運動、連立交渉、候補者名簿、選挙管理委員会、厳封・施錠手続きを備えた西洋モデルが望ましい。我々とまったく同じモデルにほかならない。実施した国は財政的支援を受けることができる。村の寄合、伝統的な仲裁、古来の裁判といった現地の民主的制度やその萌芽的制度は一顧だにされない。たとえ平和的・集合的な熟議に価値を置いていたとしても、我々のやり方とちょっとでも異なっていれば、財布のヒモが締められる。たとえて言えば、西洋医学がやってくるやいなや、伝統医術が締めだされるようなものである。

西洋支援国の勧告を見れば、民主主義は一種の輸出品、船積みするために手際よく包装・梱包された既製品のようである。民主主義は「自由で公正な選挙」のためのイケアの組立家具のようになっている。説明書を読む人も読まない人もいるだろうが、いずれにせよ、購入者が自宅で組み立てることが期待されている。

家具が歪んでしまったり、いまひとつだったり、壊れてしまったりしたら、どうなるのか。その責めを負うのは、遠方の生産者ではなく現地の消費者である。

脆弱な国家の選挙が暴力、民族対立、犯罪、腐敗など、ありとあらゆることをもたらす可能性があることは、西洋支援国にとっては瑣末な問題なのであろう。選挙が民主化を必ずしも促進せず、民主化を阻害したり悪化させたりするかもしれないことは、都合よく忘却されている。いな、世界のどの国も、いかなる「副作用」があろうとも選挙を行わなければならないというのである。我が選挙原理主義は、新時代の世俗的な福音主義という形態を採っている。選挙は、そうした新しい信仰の宗教的儀式《サクラメント》である。その儀式は死活問題だと考えられており、内容以上に形式が重要なのである。

*

実のところ、選挙にそこまで焦点を合わせるのは奇妙である。人類は三〇〇〇年近く民主主義の実験をしてきたが、もっぱら選挙によってそうしてきたのは、たかだか二〇〇年にすぎない。それなのに我々は、それ以外に妥当な方法はないと見なしている。なぜなのであろうか。もちろん、習慣によるところが大きいが、もっと根本的な原因がある。選挙が過去二世紀にわたって非常によく機能してきたことを誰も否定できない、ということである。悪名高い行き過ぎはあったものの、選挙は総じて民主主義を可能にした。効率性と正統性という相反する要件のあいだで巧みにバランスをとることができるのか。選挙がその困難な課題を引き受けたのである。

その際、選挙が現在とはまったく異なる状況で産声をあげたことは、すっかり忘れられている。原理主義者は概して歴史的洞察に乏しく、その教義が常に妥当すると信じて疑わない。選挙原理主義者は、民主主義の歴史をほとんど知らない。彼らは、過去を黙殺した正統派である。

だが、過去を振り返ることは、絶対に必要である。

アメリカ革命やフランス革命を支持する人々が「国民の意思」を知るための道具として選挙制を導入した際、政党もなければ普通選挙権もなかった。商業的なマスメディアもなかったし、いわんやソーシャルメディアなど影も形もなかった。それどころか、選挙型代議制民主主義の思想家は、一世紀も経たないうちに、それらの事象が生ずるなどとは夢にも思わなかったであろう。図表1は、政治の光景がそれ以降どれくらい進化してきたかを示している。

＊

ヨーロッパにも、市民がおらず臣民しかいない時代があった。大雑把に言えば、中世から一八世紀末までは、主権を持った支配者が権力を握っていた（ただし、オランダ、フィレンツェ、ヴェネチアの各共和国は除く。それらは例外だった）。支配者は宮廷や居城において、必要があれば少数の貴族や顧問官の手を借りて、その国の政治的決定を司っていた。使者がその決定を広場に運び、聞きたい者に告知する。権力と大衆の関係は一方向的であり、それは封建制から絶対王政まで変わらなかった。

だが数世紀を経て、ドイツの社会学者ユルゲン・ハーバーマスの用語・理論を援用すれば「公共

1920-1940 年
戦間期の経済危機により，代議制民主主義に過大な負荷がかかり，いたるところで崩壊した。新しい政治モデルが実験されたが，なかでも重要だったのがファシズムとコミュニズムである。

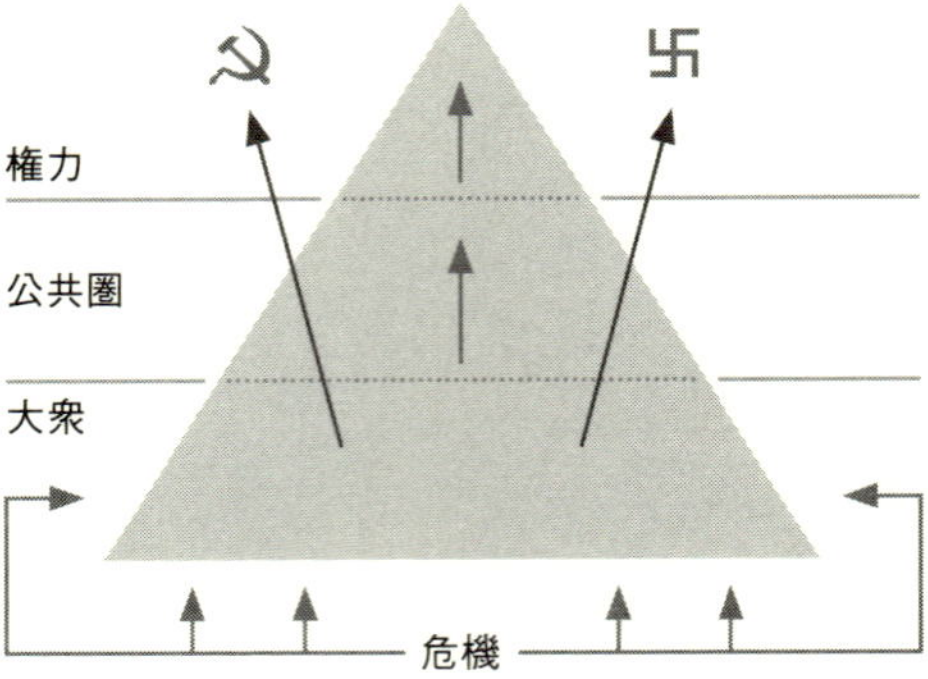

1950 年
代議制民主主義が驚異的な復活をみせた。権力は大政党の手中に収まった。政党は，市民社会の諸団体（労働組合や企業，時に同窓会や政党独自のメディア）を通じて，市民とのあいだに緊密な関係を築いた。政党への信頼は大きく，有権者の投票行動は容易に予測できた。マスメディア（ラジオやテレビ）は国家の手に握られていた。

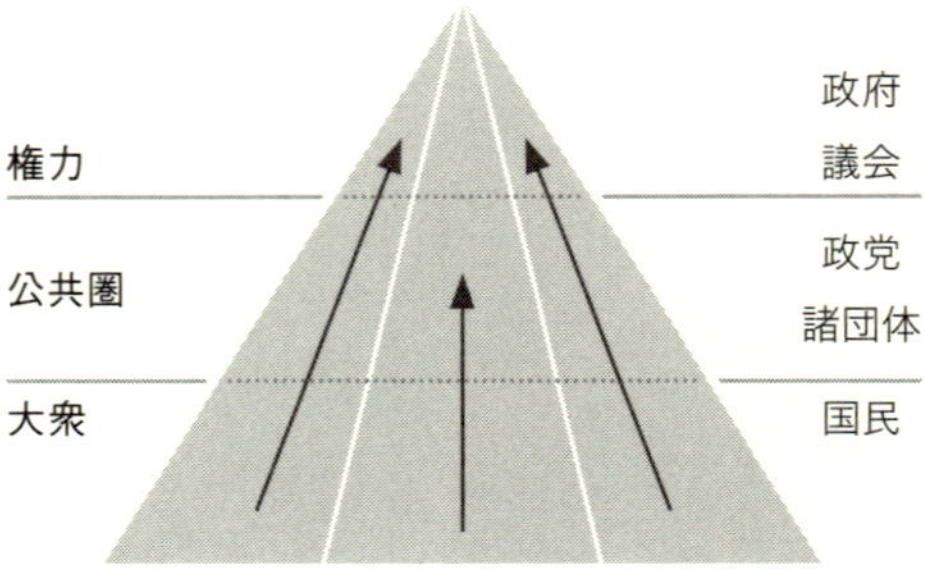

図表 1　選挙制の歴史的展開——西洋民主主義諸国における選挙型代議制民主主義の諸段階

1800 年以前

封建制から絶対王政にかけての時期は，貴族が政治を担った。主権者が権力を掌握し，その権限は神に由来するとされた。主権者は貴族（騎士や宮廷）の手を借りて勅令を下し，公共圏は存在しなかった。

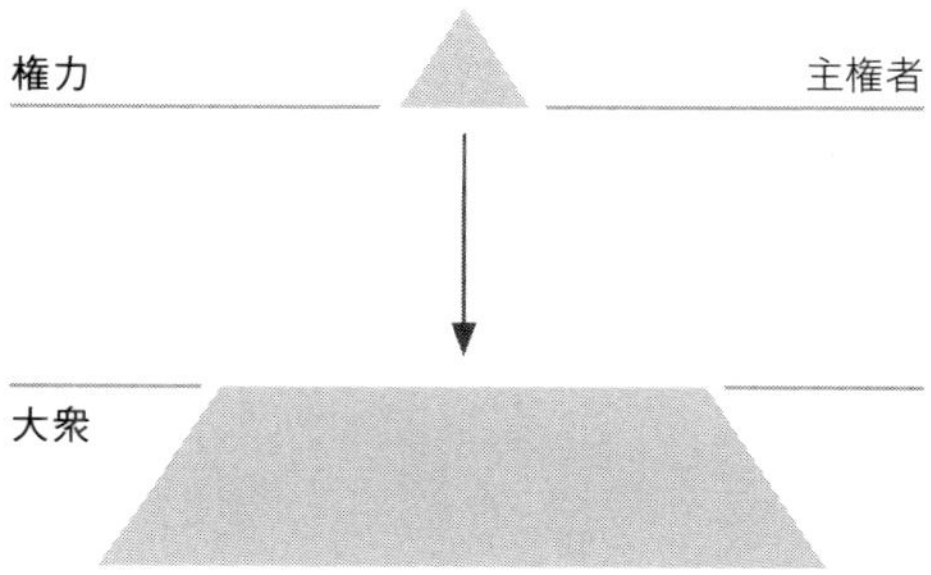

1800 年

アメリカ革命とフランス革命が貴族の権力を制限し，国民主権を実現するために選挙制を確立した。権限はもはや上からではなく下から生じた。選挙権はまだ国民の上層に限られていたが，とりわけ新聞では政論が戦わされるようになった。

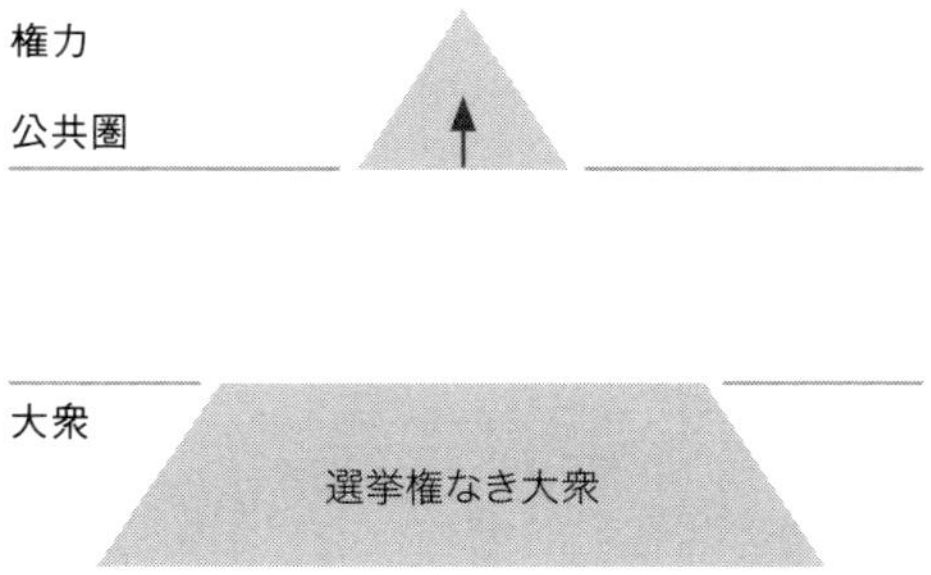

1870-1920 年

各国で 2 つの決定的展開があった。政党が台頭するとともに，普通選挙権が認められた。選挙は対立する利益集団間の闘争になり，各集団はできるだけ大きな社会層を代表しようとした。

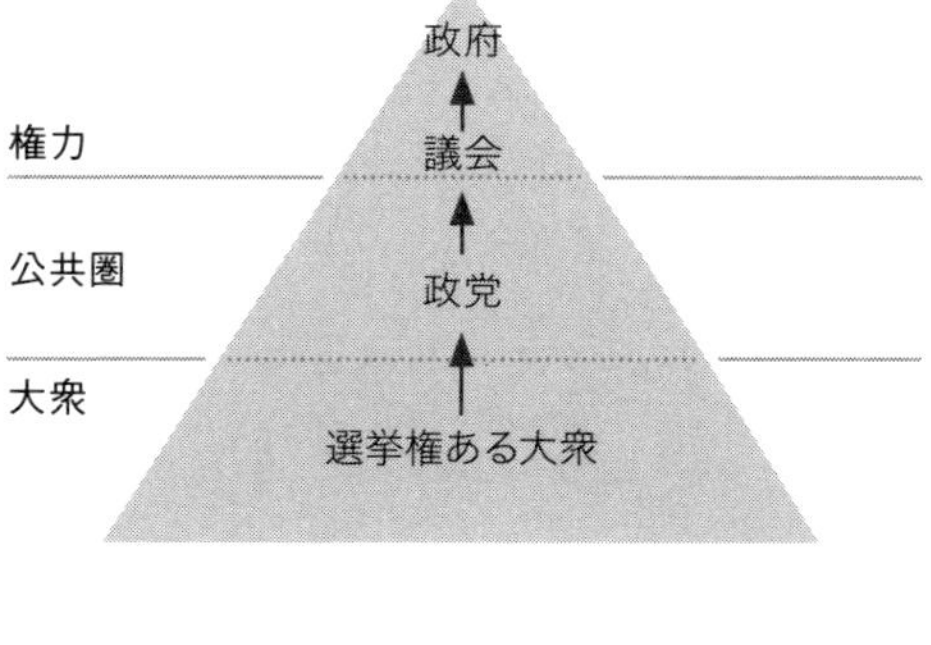

1980-2000年

2つの決定的展開があった。市民社会の諸団体が崩壊する一方で，商業メディアが力を握った。その結果，選挙が安定性を失った。公共圏が私的アクターによってますます占められるようになると（公共メディアでさえ市場の論理に従うようになった），政党への忠誠心は衰退した。政党は，市民社会の中心から国家装置の片隅へと追いやられた。選挙は（浮動する）有権者の支持を求めるメディア戦になった。

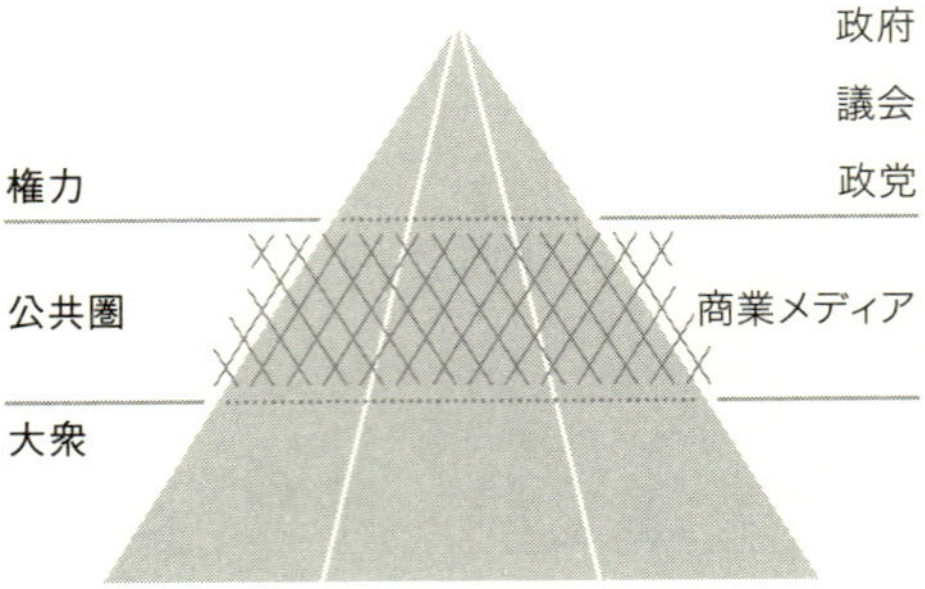

2000-2020年

ソーシャルメディアと経済危機が代議制民主主義に更なるプレッシャーをかけた。最新のテクノロジーが新たな発言力を促進したが，その結果，選挙戦はますますプレッシャーにさらされるようになった。1年中，選挙運動が行われるようになり，統治の仕事は選挙熱に悩まされ，信頼性は出世欲に悩まされている。2008年以降は財政・経済危機が深刻化し，火に油を注いだ。ポピュリズム，テクノクラシー，反議会主義がはびこっている。

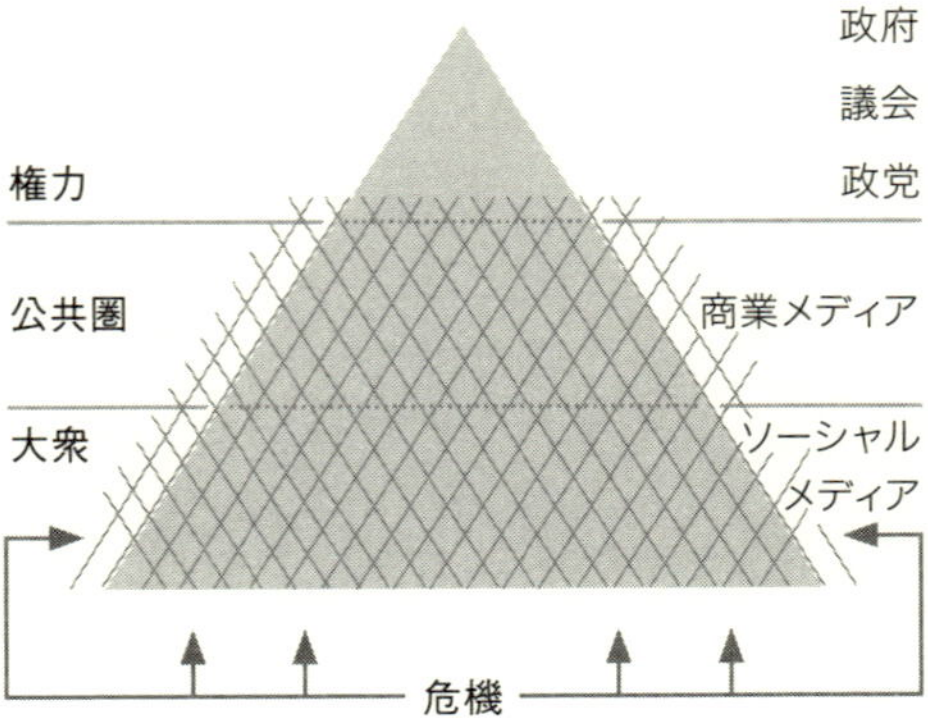

圏」とでも呼ぶべきものが誕生した。臣民は上意下達のやり方に抵抗し、様々な事柄を話し合うために公然と集会を開くようになった。啓蒙的専制の一八世紀は、その流れを加速させた。ハーバーマスは、人々が公共の事柄について話し合える場がどのように誕生したのかを描いた。中央ヨーロッパの喫茶店(ドイツでは「夕食会」と呼ばれていた)、フランスのレストラン、イギリスのパブでは、公共の問題が論じられた。公共圏は、カフェ、劇場、オペラ座といった新しい制度のなかに姿を現したが、おそらく最たるものはその時代特有の発明品、すなわち新聞であろう。ルネサンス期に芽生えた発言力が、増加しつづける集団の特徴になった。市民が誕生したのである。

それが絶頂を迎えたのは、一七七六年のアメリカ革命と一七八九年のフランス革命である。反乱を起こした市民は、イギリスとフランスの国王のくびきを解き放ち、主権者はもはや君主ではなく国民であると腹をくくった。そして、国民——少なくともブルジョア(選挙権はまだ著しく制限されていた)——が話し合えるように、一つの公的手続きを発明した。主として新しいローマ教皇を選出するために用いられていた選挙という手続きである。[49] 投票は、同志的集団、たとえば枢機卿が全会一致に達するための手法として知られていた。その後、政治の世界では、仲間内で高潔とされる人々のあいだでの合意も促進しなければならなくなった。二一世紀初頭に生きる我々にとっては少しばかり想像力を働かせる必要があろうが、選挙は常に論争装置だったわけではなく、合意形成のために導入された装置だったのである!

公共の利益を促進するために文字通り自由に話すことのできる場所。そうした卓越した公共空間はその後、議会と呼ばれるようになった。エドマンド・バークは、次のように述べている。「議会は、相反する利害を有する大使の会議なのではない。……議会は、一つの利害を有する一つの国民の、すなわち全体の、熟議のための集会である」[50]。ジャン＝ジャック・ルソー――バークは多くの点でルソーと意見を異にしていたが――も同じ考えを抱いていた。「人民集会において一致していればいるほど、すなわち、様々な意見が全会一致に近づけば近づくほど、一般意思が支配することになる。これにたいして、延々とした言い争い、意見の食い違い、騒然とした雰囲気は、個別利害の台頭や国家の衰退を告げている」[51]。議会主義は、一八世紀後半のブルジョアがアンシャン・レジームの絶対主義に突きつけた答えであった。それは、一種の間接的な代議制民主主義を意味していた。選挙権を持った「国民」（要するにブルジョア・エリート）がみずからの代表を選出し、代表は議会において公共の問題に心を配るであろう。選挙、代表、報道の自由は同時に進行したのである。

この一八世紀の手法は次の二世紀に、五つの構造転換を経験した。政党が発達したこと、普通選挙権が確立したこと、市民社会の諸団体が増加したこと、商業メディアが公共空間を占拠したこと、そしてソーシャルメディアが参入したことである。言うまでもなく、経済危機が民主主義への期待を奪っている時代（戦間期や現在）や、逆に繁栄が民主主義への期待を高めている時代には、国際経済も大きな影響を及ぼす。

政党は、一八五〇年以降にようやく誕生した。もちろん、産声をあげたばかりの民主主義国のなかには、はやくも亀裂が生じていた。都市と農村、資本家と地主、リベラルとカトリック、フェデラリストと反フェデラリストといった亀裂である。しかし一九世紀末には、各々の集団は強固な公的組織へと発展した。まだ大衆政党はなく、統治の野心と緩やかな組織を特徴とする幹部政党しか存在しなかった。しかし、事態は急速に変化した。政党は、ほとんどの憲法では言及されることすらなかったが、すぐに政治的領域における主要なアクターへと進化を遂げたのである。たとえば産業化した国々では、社会主義政党が普通選挙権を求める最も重要な提唱者になった。普通選挙権は一九一七年にベルギーとオランダで、一九一八年にイギリスで法制化されたが（ただし、いずれにおいても成人男性に限られた）、そのことは選挙制の構造転換を意味した。選挙はそれ以降、社会に存在する様々な利益集団――なるべく多くの有権者を獲得しようとしている――のあいだの闘争になった。全会一致を目指していた選挙は、相互に激しい戦いを繰り広げる候補者のための真のアリーナになった。政党間の衝突が幕を開けたのである。

しかし第一次世界大戦後、選挙制民主主義にたいする愛は、すっかり冷めてしまった。そして、一九二〇年代と三〇年代の経済危機がそれにたいする支持を粉々にしてしまった。反議会主義的・全体主義的モデルがヨーロッパ中を席巻した。四〇―四五年の世界大戦の後に民主主義が息を吹き返そうなどとは、誰も思いもしなかった。ところが、五〇年代と六〇年代の反戦気分と高度経済成長により、西洋諸国に住む多くの人々が議会制を再び導入することに同意したのである。

第二次世界大戦後は、多くの党員を有する大衆政党が政治ゲームを支配し、国家を手中に収めた。大衆政党は媒介組織（労働組合、企業、国民健康保険組合など。同窓会や自前のメディアさえ有していた）を通じて、市民一人ひとりの生活に寄り添うことに成功した。公共圏の大半は、市民社会の諸団体の手中に収められていたのである。たしかに、最大かつ最新のマスメディア（ラジオやテレビ）のオーナーになったのは政府であるが、政党はその監督権、放送枠、自前の放送網といった形で関与した。その結果、極めて安定的な体制が成立し、そこでは政党への信頼は大きく、有権者がどの政党に投票するかが予測可能となった。

そうしたバランスは、ネオリベラリズムの思想によって脆くも崩れ去った。一九八〇年代と九〇年代以降、ネオリベラリズムの思想が公共空間を劇的に変えたのである。それによれば、公共空間をデザインする最も重要な担い手は、もはや市民社会ではなく自由市場でならなければならない。そのことは、公的生活の無数の領域、とりわけメディアに当てはまった。政党機関紙は廃刊に追い込まれたり、メディア産業に買収されたりした。新しい民間放送局が誕生し、公共放送局でさえ、ますます市場的な発想をするようになった。また、メディアの数も爆発的に増加した。視聴率や購読者数がとてつもなく重要になり、たとえて言えば世論の株価指数になった。商業メディアは、社会的合意を製造する最も重要な業者であることが、誰の目にも明らかになった。他方、市民社会の諸団体は大幅に衰退した。労働組合や国民健康保険組合が市場モデルに従いはじめたためであり、政府が市民社会のパートナーを介してではなく市民と直接対話したがるようになったためである。

それがどのような帰結をもたらすかは、想像に難くない。市民は消費者になり、投票は衝動買いになった。党財政はますます政府に依存するようになった（腐敗防止のためであることが多い）。政党は、大衆と権力を媒介する団体とは見なされなくなり、国家装置の一角に寄生するようになった。そこに留まり続けられるように、政党は数年に一度、正統性を獲得すべく有権者のもとに出向かなければならない。選挙は、有権者の支持を求める激しいメディア戦になっている。国民のあいだに燃えあがる激しい感情のせいで、より根源的な不満が見えなくなっている。政治に関係するものには、それが何であれ、ますます苛立つようになったことである。最近、アメリカの理論家マイケル・ハートは「選挙の際に繰り広げられる商業メディアショーにうんざりしないような人はまずいない」と述べている。[52] インターネット上では「選挙とは醜い人々の美人コンテストにすぎない」と侮蔑的に書き込まれている。

イギリスの社会学者であるコリン・クラウチは二〇〇四年、マスメディアがコントロールする新しい秩序を表すために「ポスト・デモクラシー」という言葉を考案した。

このモデルでも選挙は存在し、政権交代も可能だが、国民の前で繰り広げられる選挙戦は、厳重に統制されたショーになっている。説得技術の職業専門家によって構成されたライバル・チーム同士が管理しており、それらのチームが事前に絞り込んだ争点しか扱わない。市民の大半は受動的・服従的役割、それどころか無関心的役割さえ演じており、お膳立てされたシグナルに反応するだけでしかない。真の政治は選挙戦の舞台裏でなされており、政府与党とエリート——とりわけ財界の利益を代表する——が密室でうごめいている。[53]

ベルルスコーニ時代のイタリアがポスト・デモクラシー国家の定義に限りなく合致していたのは疑いない。しかしそれ以外の国でも、同様のプロセスが進行している。二一世紀に入り、市民は一九世紀の人々と同じような状況に置かれているようにみえる。市民社会という中間地帯が力を失い、国家と個人の溝は再び深くなった。両者の溝を埋める制度は消滅した。いったい、誰が一人ひとりの様々な選好を束ねるのであろうか。誰が下層の要望を上層の政策提言へと変換するのであろうか。誰が騒々しい声を明快な理念へと蒸留するのであろうか。人々は「個人主義」について侮蔑したように語る。社会的絆の消滅が市民自身の責任であるかのように。しかし、本質はそこにはない。市民が再び大衆になり、コーラスが不協和音になってしまったことが問題なのである。

これで話は終わりではない。政党が誕生し、普通選挙権が確立し、市民社会の諸団体が誕生・衰退し、商業メディアが力を振るった後、二一世紀初頭になって新しいものが姿を現した。ソーシャルメディアである。「ソーシャル」という言葉は、かなり誤解を招きやすい。フェイスブック、ツイッター、インスタグラム、フリッカー、タンブラー、ピンタレストは、CNN、FOX、ユーロニュースとまったく同じく商業メディアである。ただし、メディアがユーザーに望むのが視聴することではなく、投稿し共有《シェア》することだという点で異なる。その最大の目的は、利用者をできるだけ長くサイトに釘づけにしておくことである。それが広告主の利益に適うからである。そのように考えれば、次のことも合点がいくであろう。「友達」や「フォロワー」が重要なのはなぜか。「いいね！」や「リツイート」に病みつきになるのはなぜか。他の人が何をしているのか、誰と知り合いになればよいのか、どんな話題が流行しているのかを逐一報告しているのはなぜか。

しかし、ソーシャルメディアといえども商業メディアであり、固有の力学に従っている。二〇〇〇年の市民は、ラジオ、テレビ、インターネット上で政治ショーを分単位で追うことができた。だが今日では、秒単位で反応できるとともに、他者を動員できるようにもなっている。誰もが何時でも発信する文化では、瞬時に反応が返ってくる。その結果、不協和音はいっそう酷くなってしまった。公人、とりわけ選挙で選ばれた政治家の仕事は、ますます容易ならざるものになっている。自分の提案が市民に好評かどうかを瞬時に把握できるようになっただけでない。それらの市民によって興味をかき立てられている人がどれくらいいるかも把握できるようになったのである。新しいテクノロジーは、新しい発言力をもたらした（ムバラク〔エジプトの元大統領〕やベン・アリー〔チュニジアの元大統領〕はそのことを痛感させられた）。しかし同時に、この新しい発言力は、選挙制の亀裂を確実に広げたのである。

加えて、商業メディアとソーシャルメディアは補強しあっている。ニュースをキャッチボールしつづけることで、絶え間ないバッシングという雰囲気をかもしだしている。殺人的な競争、広告主の撤退、販売部数の減少に直面した商業メディアは対立をますます誇張し、過熱して報道するようになった。そのうえ、番組編成部員はどんどん減り、どんどん若くなり、その賃金も抑えられている。ラジオやテレビにとっては国政も連続ドラマであり、無給の俳優による演劇になっている。番組編成部は構成、台本、配役（キャスティング）をある程度決定するが、政治家は、成功するかどうかはともかく、少しばかりアドリブを効かせようとする。絶大な人気を誇る政治家とは、台本を書き換えたり、論争の構図を変えたりすること、要するに、論争を意のままに操ることのできる政治家である。そこではアドリブの余地がないわけではなく、それどころか、そうしたアドリブが話題をさらうわけである。

紙媒体のマスコミでは、事態はさらに深刻である。新聞は読者を失い、政党は空虚になり、民主主義の従来のアクターは、二一世紀初頭には死に体である。沈みかかった船から脱出し、大声をあげて互いにすがりついてきたが、水没を加速させていることに気づいていない。報道の自由も、彼らが考えているよりもはるかに自由ではない。新聞の体裁、発行部数、株主、センセーショナリズムに縛られているからである。

その結果は、予想通りである。商業メディア、ソーシャルメディア、政党の集団ヒステリーによって選挙熱が常態化した。そしてそのことが民主主義の作用に深刻な事態をもたらしている。すなわち、効率性は選挙上の打算に苦しみ、正統性は絶えざる売名行為に苦しんでいる。選挙のせいで、長期的視野や公共の利益は、短期的視野や政党の利益の前に度重なる敗北を喫せざるをえない。選挙は、民主主義を可能にすると考えられてきたが、今日のこの状況では民主主義をむしろ阻害しているようにみえる。選挙は廃墟と化してしまったのである。

二〇〇八年の財政危機とそれに続く経済・金融危機がまたしても火に油を注ぎ、民主主義体制は静けさを失った。ポピュリズム、テクノクラシー、反議会主義が勢いを増している。まだ一九三〇年代のようではないが、二〇年代と似たような事態が目につきはじめている。

＊

アメリカの建国の父やフランス革命の英雄が、みずからが採用した方法が二五〇年後にどのような状況で運用されることになるかを知っていたとすれば、間違いなく別のモデルを思い描いたであろう。今日、国民の意思を表明する手続きを設計しなければならなくなったと想定してほしい。四年ないし五年に一度、投票用紙を手にした人々が投票所で行列をつくる。そして、薄暗い投票台で投票用紙に——理念にではなく候補者名簿の氏名に——印を付けなければならない。そして数カ月間、人々の不安を煽ることで利益を得る商業メディアが連日のように報道する。いったい、これで本当に理想的と言えるのであろうか。そうした奇怪で古風な儀式を「民主主義の祝祭」などと言えるのであろうか。

我々は民主主義を代議制民主主義に還元し、代議制民主主義を選挙制に還元してきた。その結果、価値ある制度は深刻な問題を抱え込んでしまった。アメリカ革命やフランス革命の後初めて、前回の選挙よりも次回の選挙のほうが重要になった。驚くべき変化である。投票はごく一時的な権限を付与するにすぎず、我々の手綱はさらに短くなっている。民主主義は、第二次世界大戦後のいかなる時期よりも脆弱になっている。我々が目を光らせなければ、民主主義は徐々に選挙制の独裁に堕してしまうであろう。

だが、そうなったとしても驚くには値しない。一八世紀後半の発明品のなかで、二一世紀初頭になってもまだ使われているものは、いったいどれだけあるのだろうか。乗合馬車？　熱気球？　嗅ぎタバコ入れ？　眉をひそめられるであろうが、次のように結論せざるをえない。今日でも選挙制は旧式のままであり、そうした選挙制に還元された民主主義は絶望的である。すでに送電線、自家用ジェット機、最新の気象予報、宇宙ステーションが利用できるのに、熱気球フライトしか許可されていないようなものである。

発言力は世界を一新した。だが、誰が発言力を得たのであろうか。これこそが決定的に重要な問いである。活版印刷が発明される前のヨーロッパでは、わずか数百人の個人だった。どの文書を筆写すべきか、どの文書を筆写すべきでないかを決定していたのは、大修道院長、大公、国王だった。ところが、活版印刷により数千もの人々も突如として、その力を手にした。古い権威は失墜し、グーテンベルクの発明は中世からルネサンスへの移行をもたらした。しかし今日では、ソーシャルメディアが出現し、誰もが活版印刷機を手に入れたかのようである！　それどころか、誰もが編集長に就任したかのようである。市民はもはや読者ではなく編集長になり、その結果として力関係は劇的に変化している。地位を確立した大企業といえども、たとえ少数であっても不満を抱いた消費者が行動を起こせば、膝を屈する。[54] 盤石に見えた独裁者でさえ、ソーシャルメディアを通して結集した国民大衆を抑えられない。政党はもはや社会の声を集約してはおらず、むしろそれによって引き裂かれている。利益保護という古典的な家父長制モデルは、市民がかつてないほど発言力を有するようになった時代には、もはや成り立たない。代議制民主主義は本質的に垂直的モデルであるが、二一世紀はますます水平的になっている。移行管理を専門とするオランダ人教授ヤン・ロットマンズは最近、次のように述べている。

世の中は、中心から周辺へ、垂直から水平へ、トップダウンからボトムアップへ動いている。我々は、こうした中心的・トップダウン的・垂直的社会を築くために一〇〇年以上を費やしてきた。そして今では、思考法がまるごとひっくり返ってしまった。だから我々は、多くのことを学び直さなければならない。最大の障壁は、我々の頭のなかにある。[55]

選挙制は、いわば政治の化石燃料である。経済における石油と同様に、民主主義を大きく推進してきた。しかし、新しい深刻な事態を引き起こしていることは、いまや誰の目にも明らかである。民主主義の化石燃料の性質を直ちに熟考しなければ、とてつもない体制危機に陥ってしまうであろう。我々は、停滞する経済、刺激的なメディア、目まぐるしく変化する文化という時代を生きている。その時代において選挙制に固執しつづければ、民主主義を自滅の道へと追い込みかねない。

いったい、なぜここまで酷い事態になってしまったのであろうか。

第3章

病因

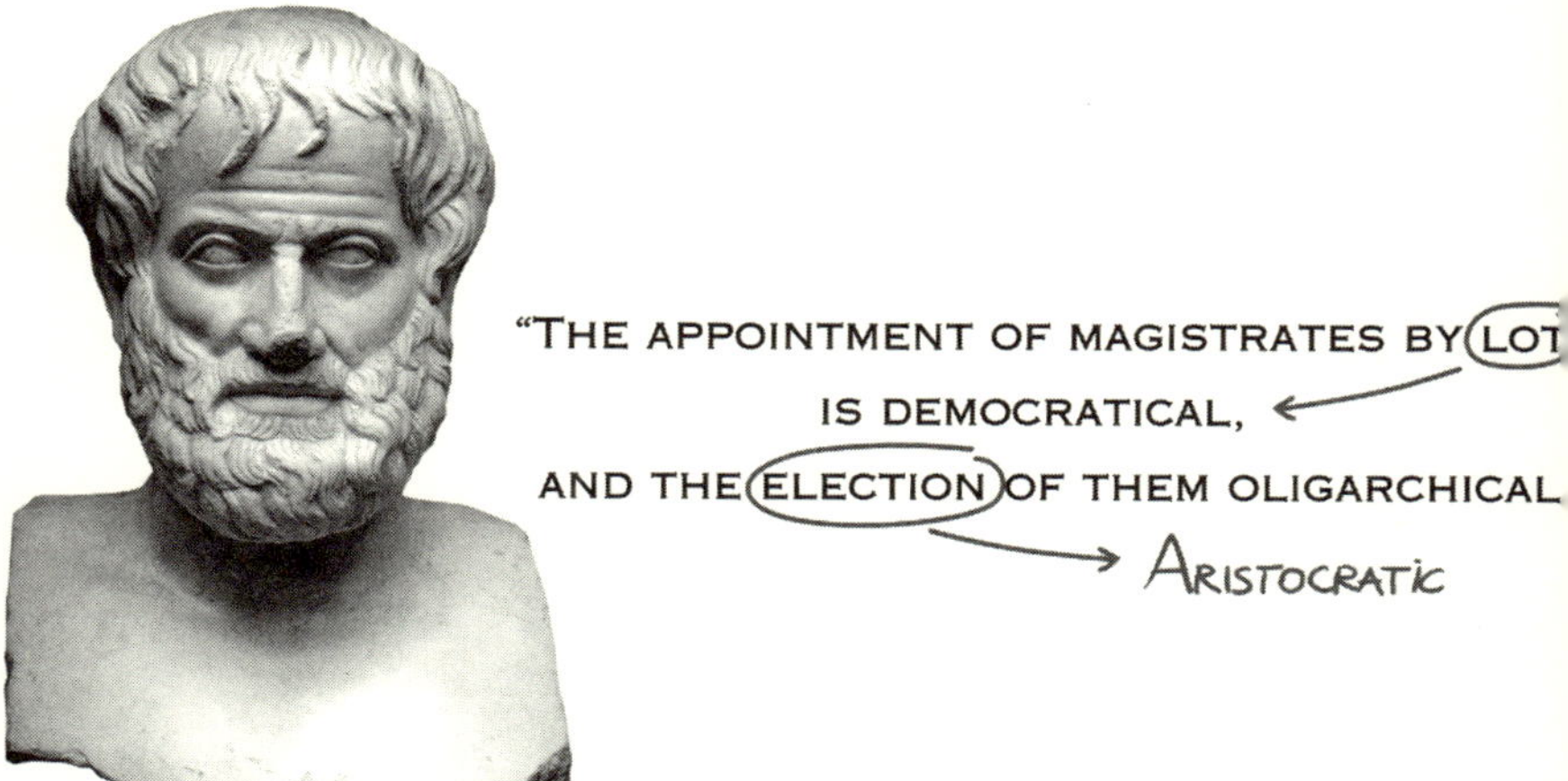
"THE APPOINTMENT OF MAGISTRATES BY LOT
IS DEMOCRATICAL,
AND THE ELECTION OF THEM OLIGARCHICAL
ARISTOCRATIC

第一節　民主主義的手続き——抽選制（古代とルネサンス）

ヴェルダン教授は、私が出会ったなかでも、とりわけ魅力的な教授だった。大学一年生のとき、先生には歴史学方法論を教えていただいた。無味乾燥な科目ではあったが、歴史学には必須の重要な科目であった。のみならず、ギリシア史についても教えていただいた。毎週、ヴェルダン教授は穏やかな声でミノア文明（＝クレタ文明）を、次いでスパルタの政治、アテナイの軍艦増強、アレクサンダー大王の大遠征を解説してくれた。古き良き時代の、教授らしい教授だった。スライド等は使用せず（パワーポイントはまだなかった）、たいてい二時間よどみなく話しつづけた。スーツとネクタイを着用し、分厚いメガネをかけ、見事な白髪だった。ヴェルダン教授は博学、雄弁であり、人間的魅力にあふれていた。一九八九年秋のことであり、私は考古学を学びはじめたばかりだった。

ある月曜日の朝、講義が始まる直前にクラスメートがあるものを見せびらかしていた。その手には砕けた石が握られていた。彼はその週末、あることを祝うためにベルリンに足を運んでいた。その数日前にベルリンの壁が崩壊していたのである。考古学者の卵として、なかば酔いしれつつも、とりあえずコンクリートの破片を持ち帰ったわけである。

ヴェルダン教授は、紀元前五世紀のアテナイの制度について話すことになっていた。ペリクレスの世紀、ギリシアの都市国家、民主主義の誕生についてである。我々は、東ドイツ市民が間もなく参加しようとしている、この栄えある伝統について耳を傾けたのである。

しかし、先生が示した世界は、日々テレビで目にする世界からはほど遠かった。私は、当時のノートを大切に保管している。私の手書きのノートには「目的：政治的平等」と記されており、次のように続く。「市民の平等にすぎず、全住民の平等ではない。つまり少数派の平等」。少し失望したのを覚えている。「我々こそが国民だ」と、厳冬のベルリン中が揺れ動いていた。ところが、古代アテナイなら、その冬服に身を包んだ人々の大半は政治に参加できなかったのである。ヴェルダン教授の講義概要には、次のように記されていた。「「民主化」という言葉を扱う際、当然ながら、ポリスの本質を見落としてはならない。すなわち、市民権の排他性である」。女性、外国人、未成年者、奴隷は市民とは見なされていなかったのである。

しかし、それにもまして奇妙なことがあった。ヴェルダン教授によれば、最も重要な機関は民会、五百人評議会、民衆裁判所の三つだった。市民は誰でも参加できたが、先生は次の三点を「正確に説明」しなければならないと厳かに述べた。

第一に、市民の参加は直接的方法でなされた。ほとんどの国民代表が職業政治家になっている現代の仕組みとは異なる。今日、一般市民によって構成されるのは、刑事裁判における陪審員くらいである。第二に、重要な決定は大勢の人々が下した。民会（エクレシア）には数千人が集まった。民衆裁判所（ヘリアイア）には六〇〇〇人の構成員がおり、数百人の市民が加わる陪審員裁判さえあった。この点も、民主主義の寡頭政化がある程度進行する我々の体制とは異なる。

「寡頭政化」とは、ヴェルダン教授に特有の表現である。

しかし、ひどく奇妙なものがまだ残っていた。「第三に、ほとんどの公職は、裁判官でさえ抽選で割り当てられた」。それを聞いたとき、腰を抜かしそうになった。私は選挙権を得る一八歳になり、もうすぐ最も信頼できそうな候補者や政党に投票することができる。アテナイの平等観は、理論上はとても素晴らしい。だが私は、ヴェルダン教授が詳しく解説しているような宝くじ民主主義の下で生きたいのであろうか。いわんや、街頭に出て自由な選挙を求めている東ドイツ市民がそれを望んでいるのであろうか。

抽選には利点があった、とヴェルダン教授は穏やかに続けた。

その目的は、特定の個人に影響力を持たせないようにすることだった。ローマにはそうした制度がなかったため、賄賂がはびこった。加えて、アテナイでは任期は一年で、再任できない決まりになっていた。どの職務でも、市民は可能なかぎり交代しなければならなかった。なるべく多くの市民が参加することで平等を実現しようとしたのである。アテナイの民主主義制度の核心は、抽選制と入替制《ローテーション》にほかならない。

私は、感激と懐疑のあいだで戸惑っていた。選挙ではなく抽選で選出された政府など信頼できるのであろうか。いったい、その政府はどうやって運営されるのであろうか。どのように混乱を避けるのであろうか。ヴェルダン教授によれば、

アテナイの仕組みは、ドグマチックではなくプラグマチックだった。理論ではなく経験から生まれた。たとえば、軍事や財政の最高職では抽選制は用いられなかった。そこでは選挙制が用いられ、入れ替えは義務ではなかった。こうして有能な人物を再任することができた。ペリクレスのような人は、そうした方法で一四年連続して将軍職に選出されたのである。ここでは安全原理が平等原理に優先した。とはいえ、ごく一部の行政職に限られていた。

「本当に良い勉強をした」と思いながら講義棟を後にした。民主主義の神話的発祥の地は、詰ま

るところ、ぐらついた手続きを備えた古くさい仕組みを採用していたのである。サンダルを履き、肩から布をかけた人々が砂敷きの広場に集まり、新しい神殿や井戸の建設について終日おしゃべりをするゆとりのある、大昔の小規模な都市国家。そこには、抽選制や入替制がよく適していたのであろう。しかし、この慌ただしい現代にヒントを与えることなどできるのであろうか。ベルリンの壁の破片は、我々の熱くなった手のなかで燻ぶりつづけていた。

＊

私は最近、ヴェルダン教授、そうヘルマン・ヴェルダン教授の受講ノートを書庫から引っ張りだした。我が民主主義疲れ症候群は、現在の選挙型代議制民主主義によって引き起こされているのではないか。我が民主主義の危機は、我々が限定している特殊な手続きのせいなのではないか。選挙制は民主主義を促進するのではなく、ますます抑制するようになっているのではないか。だとすれば、民主主義への希求がこれまでどのように解釈されてきたのかを振り返ることは有益であろう。

ところで、この点に好奇心を抱いたのは、私だけではない。昨今の学界では、我々の仕組みの歴史にたいする関心が著しく高まっている。[56] 画期をなしたのは、フランスの政治学者ベルナール・マナンの『代議政体の原理』（一九九五年）である。「現代民主主義は、創始者が民主主義と対置した政府形態に由来している」という冒頭の文章からして衝撃的である。マナンは、なぜ選挙制が非常に重要なのかを探究した先駆者である。彼は、アメリカ革命とフランス革命の直後、どのように選挙型代議制が自覚的に選択されたのかを解明した。端的にいえば、民主主義の騒擾を締めだすためだったのである！「選挙で選出された代表は、彼らを選出した人々とは社会的に異なった卓越した市民であろうし、そうであるべきだ。代議政体は、こうした信念の下に導入された」。現代民主主義の基礎には貴族主義的反応もあった。彼の極めて重要な結論はこうである。今日いたるところで目にしている代議制は「民主的特質とともに非民主的特質を有する」[57]。この点については、後に立ち返ることにしたい。

近年、マナンの輝かしい業績を受けて、幾つかの革新的な研究書が刊行されている[58]。これら最新の研究は、現代民主主義が過去二世紀間の諸状況の偶然の産物であることを明らかにした。それに先立つ世紀の政治体制の描き方は斬新である。別の民主主義が可能であったことを示しただけでも大きな貢献である。

それでは、アメリカ革命やフランス革命が起こる前は、何があったのだろうか。古代やルネサンス期、様々な地域において抽選制が重要な役割を果たしていたことは明らかである。紀元前五世紀から四世紀のアテナイに立ち返れば、五百人評議会（ボウル）、民衆裁判所（ヘリアイア）、ほぼすべての執政官（アルコン）のような主要な統治機関は抽選で補充されていた（図表2A）。五百人評議会はアテナイ民主主義の中心的な統治機関であり、民会（エクレシア）の議題を準備し、財政、公共事業、執政官を監督し、近隣諸国との外交さえ担った。要するに、抽選で選出された市民は、権力の中枢に入り込んでいたのである。また、七〇〇人の執政官のうち六〇〇人は抽選で、残りは選挙で選出された。民衆裁判所は毎朝のように、六〇〇〇人の市民のなかから数百人の陪審員を抽選で選出した。そのために、部族ごとに抽選器（クレロテリオン）を用いた。縦長の巨石で、細長い穴が五列に並んでおり、陪審員候補者はその穴に名札を差し込む。抽選では、巨石の横にある垂直の筒から、色つきの玉が取り出された。それぞれの玉は名札の列に対応しており、選ばれると任務に就くことができる。それは司法に携われるかどうかを決めるサイコロであり、統治権力を公平に分配するための一種のルーレットである。

抽選制は、司法権だけでなく立法権や行政権にも関係していた（図表2B）。抽選で選出された五百人評議会が法案を準備し、民会が制定した。抽選で選出された民衆裁判所がその合法性を審査し、抽選ないし選挙された執政官が執行に当たった。そして、五百人評議会が行政権を統制し、民衆裁判所が司法権を担ったのである。

アテナイ民主主義で目を引くのは、権限が速やかに次の人の手に移ったことである。陪審員の任期はわずか一日だったし、手当がつく評議員や執政官の任期も一年にすぎなかった。評議員には、連続しない二回までしか就くことができなかった。公務を全うできると思う者は誰であれ、候補者になることができた。参加の機会は極めて多く、三〇歳以上の市民の五〇パーセントから七〇パー

2B

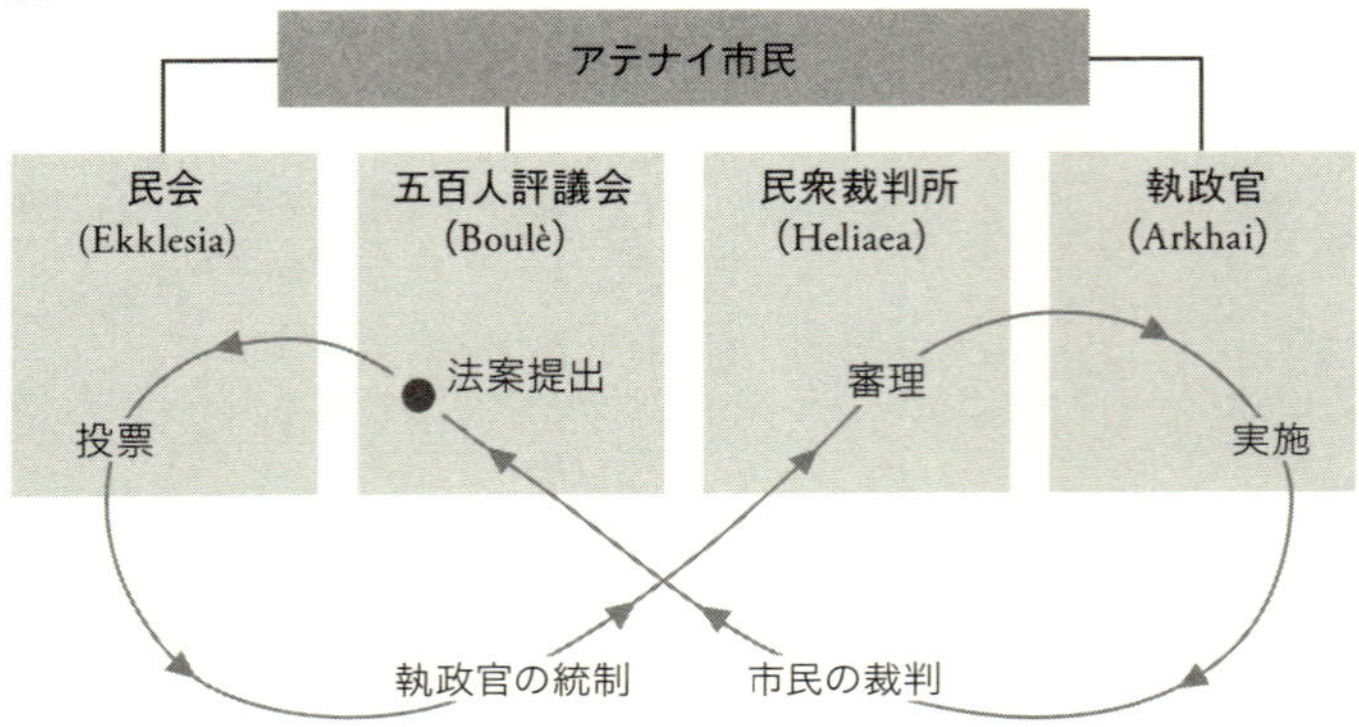

セントが一度は評議員を務めたのである。

*

現代の人々は、アテナイ民主主義がその最盛期において、抽選制のような奇妙なものを中心にまわっていたことに驚くであろう。ところが、当時の人々にとっては、至極当然のことであった。アリストテレスも明快に述べている。「たとえば、公職を抽選によって割り当てることは民主政的であり、……選挙によって割り当てることは寡頭政的である」。アリストテレス

図表 2　アテナイ民主主義の主要な機関（紀元前 5 ～ 4 世紀）と立法権・行政権・司法権の分立

2A

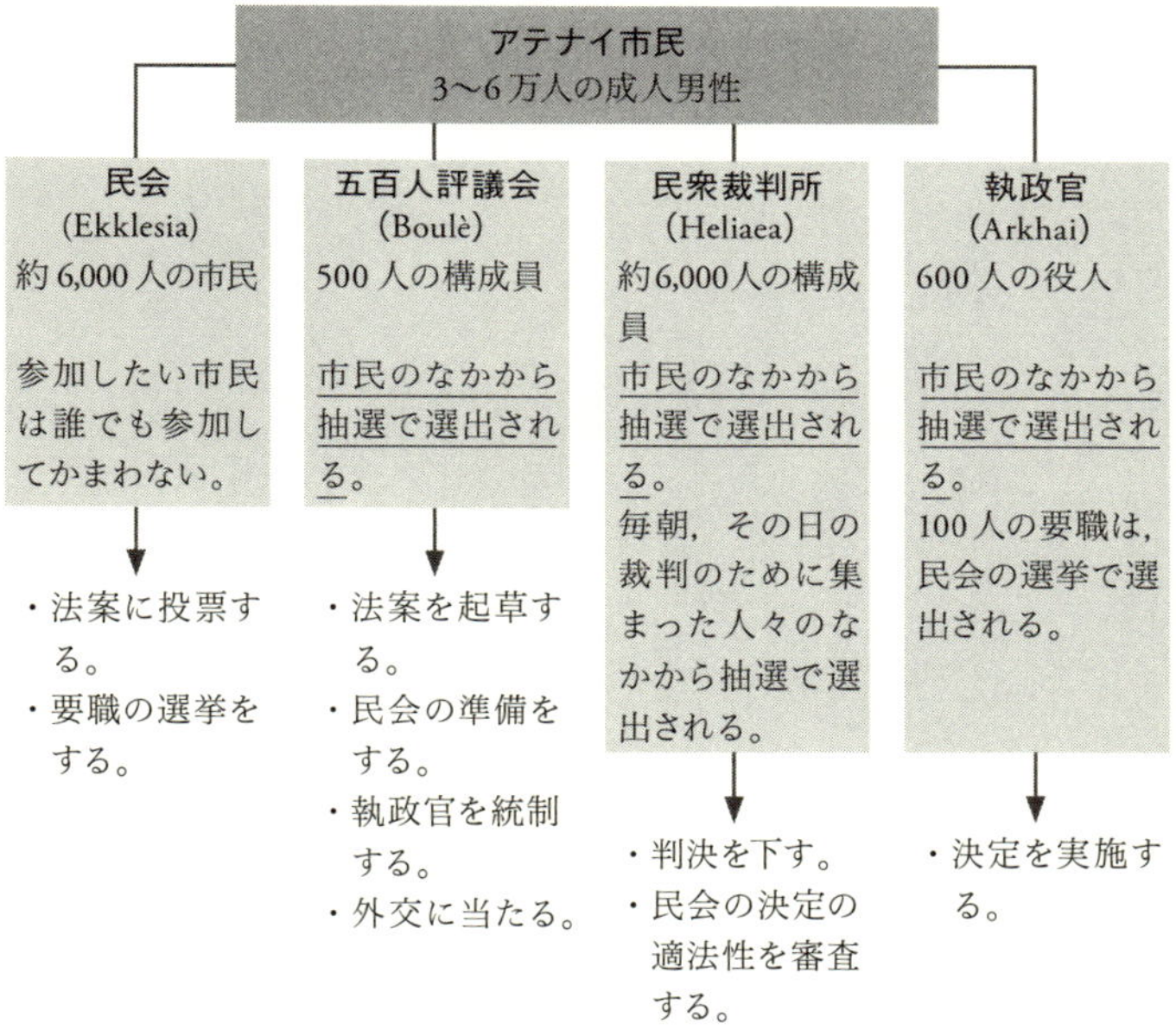

自身は混合政体の提唱者だったが、民主政的な抽選制とそうではない選挙制を峻別した。アリストテレスの著作の別のところにもある。一例を挙げれば、スパルタの秩序は「様々な寡頭政的要素を含んでいる。たとえば、すべての公職が抽選によってではなく選挙によって割り当てられていることである」。アリストテレスにしてみれば、真に民主政的なのは抽選制である。それに関連して、アテナイ民主主義に典型的だったのは、政治家と市民、統治者と被治者、支配者と被支配者という区別がほと

んど見られなかったことである。今日では誰も疑問に思わない「職業政治家」という仕事は、アテナイ市民の眼には、あまりにも奇妙で馬鹿げたものに映ったであろう。アリストテレスはそのことを、実に興味深い「自由」観と結びつけている。「民主主義国家の基本原理は自由である。……自由の特徴の一つは、人々が順番に被治者になり統治者になることである」[59]。二五世紀経った今でも、そうした洞察には目を見張るものがある。自由とは、自分が常に権力を握っているということではない。権力に関心を寄せる必要がないということでもないし、権力にすり寄るということでもない。自由とは、自律と忠誠のあいだで、統治と被治のあいだでバランスを保つことである。ヴェルダン教授が警鐘を鳴らした二五年前に比べて「民主主義の寡頭政化」がはるかに進行しているが、こうしたアリストテレスの洞察はすっかり忘却されているようにみえる。

ところで、アテナイの民主主義は「直接」民主主義と規定されることが多い。ヴェルダン教授は、毎月開催された大規模な民会――数千人もの市民が直接参加した――について語ってくれた。紀元前四世紀には、毎週のように開催されるようになった。しかし、仕事の大半は、民衆裁判所、五百人評議会、執政官をはじめとする専門機関でなされた。これらの機関では住民全員が話し合いをしたわけではなく、無作為抽出された集団が話し合いをした。各機関の決定にアテナイの住民全員が直接参加していたわけではない。最近、アテナイの民主主義を「直接」民主主義としてではなく、独自の代議制民主主義、非選挙型代議制民主主義として捉え直す研究論文が刊行された[60]。私は、この見解に完全に同意したい。ただし、もう一歩踏み込みたい。代表が抽選で選出されていたことを考えれば、偶然型代議制民主主義（*aleatorish*-representatieve democratie）と呼ぶべきであろう（alea はラテン語でサイコロを意味する）。偶然型代議制民主主義は間接的な統治形態であり、統治者と被治者の区別は選挙ではなく抽選によって生じる。西欧政治史では、一般に考えられている以上に、同様の仕組みが数多く存在する。

*

共和政ローマにも、アテナイの抽選制の痕跡がまったく見られないわけではない。しかし帝政期に入ると廃れてしまった。抽選という手続きが再び日の目を見るのは、中世の北部イタリアに都市国家が台頭したときである。初期の例はボローニャ（一二四五年）、ヴィチェンツァ（一二六四年）、ノヴァーラ（一二八七年）、ピサ（一三〇七年）であるが、詳細な記録が残っているのは、ルネサンス期の偉大な都市国家であるヴェネチア（一二六八年）とフィレンツェ（一三二八年）である（図表3）。

*

ヴェネチアもフィレンツェも抽選を用いていたが、そのやり方はまったく異なっていた。ヴェネ

フィレンツェ Imborsazione [1328-1530]	アラゴン Insaculación [1350-1715]
・競合する派閥間の対立を回避すること。	・安定性を促進すること。 ・権力集中に対抗すること。
7,000 〜 8,000 人の市民 (＝90,000 人の住民の 7 〜 9%)	市民 (＝住民の 1 〜 16%。都市ごとに異なる)
主要な統治機関の任命の際 ・立法評議会 ・執政府（シニョリーア） ・各種委員	以下の任命の際 ・選挙委員会（cf.ヴェネチア） ・地方役人（cf. フィレンツェ） ・議会（コルテス）
1. 同業組合又は一族による推薦 2. 官選 3. 抽選 4. 除外	1. 推薦 2. 官選 3. 抽選
迅速な入替 兼職禁止	迅速な入替（1 年）
官選制	官選制
オルヴィエート，シエーナ，ピストイア，ペルージャ，ルッカ，それどころかミュンスターやフランクフルトでも採用。	サラゴサ，ジローナ，タラゴナ，ウエスカ，サルベラ，シウタデリャ，マジョルカ，リェイダ，イグアラダで採用され，ラマンチャ，ムルシア，エストレマドゥーラでも採用。

図表 3　古代とルネサンス期における政治的道具としての抽選制

	アテナイ Klèrotèrion [B.C. 462-322]	ヴェネチア Ballotta [1268-1797]
目的	・政治的平等を促進すること。 ・可能なかぎり多くの市民を統治に参加させること。	・最高職任命の際，貴族間の対立を回避すること。
有資格者	30,000 〜 60,000 人の市民 （=250,000 〜 300,000 人の住民の 10 〜 24%）	600 〜 1,600 人の評議員 （=100,000 〜 135,000 人の住民の 0.6 〜 1.2%）
抽選	主要な統治機関の任命の際 ・五百人評議会 ・民衆裁判所（6,000 人） ・執政官（600 人）	最高職の任命の際 ・ドージェ選挙委員会の編制
手順	1. 自薦 2. 抽選（抽選器の使用） 3. 弁明	1. 大評議会 2. 10 段階の抽選と選挙（交互） 3. 玉を使用した抽選
入替	1 年後 （再任は最大でも 1 回のみ）	
選挙	要職の任命の際 ・10 人の軍事司令官（Strategoi） ・90 人の要職	ドージェの任命の際，選挙制と抽選制の併用
備考	ミレトスやコス島でも，ヘレニズム時代や初期ローマ時代のアテナイ（B.C. 322-31）でも，共和政ローマ（トリブス民会）でも採用。	パルマ，イヴレーア，ブレシア，ボローニャでも採用。

チアは国家元首の「ドージェ」(doge)を指名するのに、数世紀にわたって抽選制を用いた。ヴェネチア共和国は民主政的に運営されていたわけではなく、少数の有力な貴族の手で寡頭政的に運営されていた。政府は、全住民のわずか一パーセントにすぎない数百人から数千人の貴族に握られていた。そして、貴族の四分の一から三分の一がほぼすべての公職を占めていた。ドージェになった者は亡くなるまでその職に留まるが、君主政とは異なり世襲制ではなかった。一族間の対立が生じないように、新しいドージェを指名する際に抽選制を導入した。しかし、有能な者がこの都市国家の元首に就けるように、その手続きは選挙制と併用されていた。その結果、五日間で一〇段階という、信じがたいほど面倒な仕組みになったのである。

この手続きは、五〇〇人の貴族が参加する大評議会(Consiglio Grande)で始まる(一四世紀以降、評議員の数は膨れ上がった)。全員、自分の名前が書かれた木製ボール(ballotta)を壺のなかに入れる。最年少の評議員がサンマルコ広場に向かい、目にとまった八歳から一〇歳の男児に声をかける。彼を秘密会議に加え、抽選人(ballottino)の役目を与える。無垢な子どもの手が候補者の名前の書かれた三〇個のボールを取りだす。その後、もう一度抽選を行ない、九人に絞り込む。この九人が第一次選挙委員会の構成員になる。彼らの任務は、特定多数決方式によって、九人の集団を四〇人の集団に拡大することである(実際には一種の新委員選出である)。この四〇人は抽選で一二人に絞り込まれた後、投票で二五人になる。こうしたプロセスが繰り返され、選挙委員会は抽選で縮小した後、投票で拡大する。偶然という方法と選挙という方法が交互に繰り返されるのである。最後から二番目の第九ラウンドでは、選挙委員会は四一人になる。この四一人が秘密会議を開催し、最終的にドージェを選挙で選出するのである。

ヴェネチアの仕組みは、ばかばかしいほど面倒であるように見える。しかし最近、計算機科学者がこの指導者選出手続きが興味深いものであることを実証した。それによれば、この仕組みは人気のある候補者に確実に勝利をもたらす一方、少数派にもチャンスを与えることができる。また、腐敗投票を防止することもできる。加えて、ちょっとした長所に光を当てることで、折り合い可能な候補者が浮上しやすくなるという。[61] いずれも、新しく任命された指導者の正統性にとっても望ましいし、効率性にとっても望ましい。ヴェネチア共和国はナポレオンによって滅亡に追い込まれるまで五世紀以上存続したが、そうした空前絶後の長期的安定は、投票を組み込んだ巧妙な仕組みのおかげでもある。少なくともこの点では、歴史家の見解は一致している。抽選制がなければ、共和国はずっとはやく有力一族間の争いに巻き込まれていたに違いない(今日でも同じように政府が政党間の争いに巻き込まれているのではないか、と自問する人もいるかもしれない)。

歴史小話をすれば、ヴェネチアの仕組みの記憶は、ほかならぬ名前のなかに刻み込まれている。語源学がいつものように興味深く説明してくれる。投票用紙を指す英語の ballot は、抽選球を指すイタリア語の ballotta に直接由来する。オランダ語でも、新会員の入会の可否を問う投票を指すのに、今でもballoterenという言葉を用いている。

フィレンツェは、ヴェネチアとは別の道をたどった。抽選はimborsazione（小袋に入れること）という仕組みとして知られていた。ここでも目的は、都市内の様々な利益集団同士の対立を回避することであった。しかしフィレンツェ市民は、ヴェネチア市民よりもはるかに先進的だった。国家元首だけでなく、ほぼすべての行政や統治の職務も抽選によって割り当てようとしたのである。ヴェネチアが貴族中心の共和国だったとすれば、フィレンツェは、上層市民や有力団体が支配する共和国だった。それゆえ、古代アテナイとまったく同じように、抽選で選出された市民が主要な政府機関を構成した。執政府（シニョリーア）、立法評議会、各種委員である。執政府は、アテナイの五百人評議会と同じく最高行政機関であり、外交、行政統制、それどころか法案作成さえ担っていた。しかし、アテナイとは異なり、市民はみずから立候補することはできず、ギルド、一族その他の団体から推薦を受けなければならなかった。その推薦により彼らがいわゆる被推薦人（nominati）になった。その後、第二段階へと移り、多様な人々で構成された委員会が投票によって、統治の仕事に就く資格を有する住民を決定する。それに続くのは、トラッタ（tratta）と呼ばれる抽選である。そして最後に、すでに公職に就いている者や有罪判決を受けた者などを除外する。

このように任命プロセスは、推薦、投票、抽選、除外という四段階から成る。アテナイと同じように、複数の公職に就くことは禁じられており、一年後には辞めなければならなかった。また、アテナイと同じように、市民には参画の機会が数多く用意されていた。七五パーセントもの市民が推薦された。被推薦人は、第二段階を通過したかどうか分からなかった。名簿が公開されていなかったからである。数千の公職の一つに招集されなかったとしても、抽選の結果と考えることも選挙の結果と考えることもできたのである。

ヴェネチアのモデルはパルマ、イヴレーア、ブレシア、ボローニャといった都市で模倣されたが、フィレンツェの仕組みはオルヴィエート、シエーナ、ピストイア、ペルージャ、ルッカで使用された。繁栄をもたらした大規模交易により、フランクフルトにさえ及んだ。イベリア半島では、アラゴン王国の様々な都市がこの手続きを採用した。リェイダ（一三八六年）、サラゴサ（一四四三年）、ジローナ（一四五七年）、バルセロナ（一四九八年）などである。これらの都市では、抽選制は la insaculación として知られていた。insaculación は、文字通り「袋に入れること」を意味しており、imborsazione のスペイン語訳である。そこでも、統治権を中立的に分配して安定性を促進することが目的であった。誰が都市や地域の権力を握ることができるか、誰が選挙委員会の座に就くことができるかは、絶え間のない諍いのタネではなくなり、迅速かつ公平に決定された。すぐに次のチャンスがめぐってくると思えば、不満も和らいだ。アテナイやフィレンツェと同じく、抽選で就いた職務に一年以上従事することはできず、すぐに入れ替わらなければならなかったため、数多くの市民が参画できたからである。スペインのもう一つの大国であるカスティーリャ王国では、ムルシア、ラ・マンチャ、エストレマドゥーラといった地域で抽選制が姿を現した。フェルナンド二世はカスティーリャ王国とアラゴン王国を統合し、一四九二年に今日のスペインの礎を築いた後、〔一五〇一年に〕次のように述べている。

経験が教えてくれるように、選挙制に基づいた体制よりも、抽選制を採用した都市や地方のほうが、豊かな暮らしや健全な行政・統治を促進することが多い。感情的になりやすい事柄であっても、統合や平等、平和や公正をもたらしやすい(62)。

このように歴史を概観しただけでも、六つのことが分かるであろう。第一に、抽選制は古代以来、様々な国家において正式な政治制度として使用されてきた。第二に、それが用いられたのはことごとく、一部の住民しか権力に参加できない小規模な都市型の国家（都市国家、都市共和国）においてであった。第三に、抽選制の使用は、ほとんどの場合、経済や文化の最盛期と重なっていた（アテナイは紀元前四、五世紀だったし、ヴェネチアやフィレンツェはルネサンス期だった）。第四に、抽選制は、様々な利用法や手続きを伴っていたとはいえ、市民の対立を減らすとともに参画の機会を増やした。第五に、抽選制が単独で用いられたことはなく、専門的能力を確保するために常に選挙と併用された。第六に、抽選制を使用した国家では、競合する集団間の激しい対立にもかかわらず、数世紀にわたって政治的安定が続くことも珍しくなかった。ミニ国家のサンマリノ共和国は、六〇人の大評議会から二人の執政を選出するために、なんと二〇世紀半ばまで抽選制を用いていたのである。(63)

*

啓蒙の世紀である一八世紀になると、偉大な哲学者たちは民主主義国家の設計に取り組み始めた。近代法治国家の礎を築いたモンテスキューは『法の精神』(一七四八年)において、すでに二〇〇〇年前にアリストテレスが到達していた見解を踏襲した。「抽選による選出(le suffrage par le sort)は民主政の本性であり、選挙による選出(le suffrage par choix)は貴族政の本性である」。モンテスキューにとっても、選挙制がエリート主義的であることは言わずもがなであった。「抽選制は誰も傷つかない選出方法であり、祖国に奉仕するという期待をすべての市民が抱くこともできる」。だが、市民にとって望ましくても、祖国にとって望ましいのであろうか。抽選制では無能な人間が権力の座に就くおそれがある。そこで、そうした明白な危険は選抜、自薦、評価によって取り除かれなければならない。モンテスキューは、アテナイの民主主義を称賛した。公職に就いた人々は退任後に弁明しなければならず、「抽選制の要素も選挙制の要素も」存在していた。(64) 抽選制だけでは無知に陥るし、選挙制だけでは無力に陥る。二つの仕組みを併用してはじめて、両者の行き過ぎに歯止めをかけることができる。
同様の思想は、ディドロとダランベールが編纂した有名な『百科全書』(一七五〇年代)にも見いだせる。貴族政の項目を読むと、抽選制は貴族政には適さないと記されている。「抽選で選出されてはならない。そうすれば不都合をもたらすだけであろう」(Le suffrage ne doit point se donner par sort; on n'en auroit que les inconvéniens)。ただし、元老院を構成するにはよい。「そうなれば、次のように言うことができるであろう。貴族層が元老院に座を占め、民主政は貴族全体のなかに座を占める。国民は取るに足らない、と」。いずれにせよ、この項目の執筆者は、貴族層が国民に責任を負うという立場を鮮明にした。民主政の項目では、モンテスキューの議論がほぼ踏襲されている。
その数年後、ルソーは、もう一歩踏み込んだ。彼も、特に公職を割り当てる際には混合政体が魅力的だと考えた。『社会契約論』(一七六二年)では、こう記されている。

選挙制と抽選制を併用する際には、軍事職のように特別の才能を必要とする公職は、前者の方法〔選挙制〕で補充しなければならない。後者の方法〔抽選制〕は、司法職のように良識、正義、誠実があれば十分な公職に適している。

ルソーは、古代アテナイで公職を割り当てるために何世紀にもわたって使用されていた二重の方法を描写した。抽選制と選挙制の併用は、大きな正統性を享受するとともに効率的でもありうる秩序をもたらした。もちろん、才能が平等に分け与えられている社会などありえない。だからといって、抽選制を除外してもよいということにはならない。ルソーも「抽選制のほうが民主主義の本性に適っている」と考える。ルソーによれば、

真の民主主義では、公職に就くことは特権ではなく、重い負担である。ある個人よりも別の個人に多くの負担を課すことは公平ではない。抽選で当たった人にこの負担を課すことができるのは、法だけである。(65)

結論は明快である。一八世紀に著された最も重要な二冊の政治哲学書は、かなりの相違があるにもかかわらず、次の点では一致している。抽選制は選挙制に比べて民主主義的であり、社会にとっては二つの方法の併用が望ましいという点である。偶然制という手続きと選挙制という手続きは、相互に補完できるとされたのである。

第二節　貴族主義的手続き——選挙制（一八世紀）

その後、奇妙なことが起こった。ベルナール・マナンは、それを的確に叙述している。『法の精神』や『社会契約論』の刊行から一世代も経ないうちに、統治者を抽選で任命する方法は、突如として跡形もなく消え去ってしまった。アメリカ革命やフランス革命の頃になると、まったくといっていいほど語られなくなってしまったのである。近代国家を築いた人々は、すべての市民が平等な権利を持つと高らかに宣言した。たしかに、選挙権の範囲については論争があった。しかし、大西洋の両岸ではいささかのためらいもなく、参政権を獲得したばかりの市民は、貴族主義的だと考えられていた選出方法で政府を任命することを、満場一致で決定したのである。(66)

そうした事態は、どのようにして生じたのであろうか。理性や啓蒙思想家（フィロゾーフ）に絶えず訴えかけていた世紀だったのに、多大な影響を及ぼした彼らの議論が黙殺されるようになったのは、なぜなのであろうか。貴族主義的だと考えられていた選挙という手続きが全面的に勝利したのは、何が原因だったのであろうか。抽選制が「視界から完全に消え失せた」とされる事態は、どのようにして生じたのであろうか。

ここしばらくの間、歴史学者や政治学者は一つの問いに直面してきた。もしかすると実務上の困難のせいなのではないか、という問いである。たしかに、規模の相違があった。抽選制は、わずか数キロ四方の都市である古代アテナイで使用されており、広大な国土のフランスや、広大な原野を持つ北アメリカ大西洋沿岸で独立したばかりの十三邦とは異なっていた。移動時間ひとつとっても、古代アテナイとはまるで別世界だった。そのことが一因だったのは間違いない。

また、一八世紀末の段階では全国規模の住民登録や人口統計は十分には発達しておらず、抽選制の目途は立たなかった。どうやって代表を無作為抽出すればよいのかは言うに及ばず、いったいどれくらいの住民が住んでいるのかさえ把握していなかったのである。

加えて、アテナイ民主主義の詳細に踏み込んだ知識も、まだなかった。最初の本格的な研究書であるジェイムズ・ウィクリフ・ヘッドラム『アテナイにおける抽選による選出』(James Wycliffe Headlam, *Election by Lot at Athens*, 1891) が刊行されたのは一世紀後のことであった。それ以前は、極めて不十分な理解、たとえばトーマス・ガターカー『抽選の本質と使用について――歴史的・神学的論考』(Thomas Gataker, *Of the Nature and Use of Lots: A Treatise Historicall and Theologicall*, 1627〔1619〕) のような怪しげな本で間に合わせるしかなかったのである。

しかし、実務上の困難が唯一の理由ではなかった。古代アテナイも、住民を完璧には把握していなかった。フィレンツェ住民は、古代ギリシア史に関する詳細な知識を持っていなかった。にもかかわらず、抽選制を大規模に使用したのである。

アメリカ革命期やフランス革命期の文書で注目すべきは、彼らが抽選制を採用できなかったのではなく、単に採用する気がなかったことである。実務上の理由ではまったくなかったのである。努力のカケラすら見られなかった。実現したくても実現できない、という嘆きは聞こえてこなかった。抽選制はおそらく実現可能ではなかったろうが、彼らにとってはそもそも望ましくなかったのである。そのことは、彼らの民主主義観に関わっている。

モンテスキューにとっては、君主政、専制政、共和政という三つの異なる政体が存在していた。君主政では、一人が制定法に従って権力を行使する。専制政でも一人が権力を行使するが、制定法はなく、すべてはその気まぐれに委ねられている。そして共和政では、権力は国民にある。この三番目の政体に関して、モンテスキューは極めて重要な区別をしている。「共和政において、国民全体が主権的権力を握っているとき、民主政と呼ばれる。一方、主権的権力が国民の一部の手に握られているとき、貴族政と呼ばれる[67]」。

周知のように、一七七六年と一七八九年にイギリス国王とフランス国王のくびきを逃れた大ブルジョア階級は、共和政を獲得すべく奮闘した。だが、民主政型の共和政体に命をかけていたのであろうか。人民への言及が多いことに鑑み、そのように言うこともできるかもしれない。革命家は人民（le peuple）が主権者であり、国民（la Nation）は〔人名と同様に〕大文字で書きはじめられなければならず、「我々人民」（We the People）がすべての出発点であると叫びつづけた。ところが権力の座に就くと、完全にエリート主義的な「国民」観を採用するようになった。北アメリカで独立した十三邦は「民主共和国」ではなく「共和国」と命名された。アメリカ独立の偉大な闘士であり、合衆国第二代大統領を務めたジョン・アダムズはその体制に恐怖すら感じ、警鐘を鳴らしている。「民主政が長く続くことなどありえないことを想起せよ。すぐに道を踏み外し、消耗し、自滅する。自滅と無縁な民主政が存在したためしなどない」[68]。アメリカ憲法の父であるジェイムズ・マディソンは、民主政は常に「騒擾と激論に満ちたショー」であり、概して「短命であり、暴力によって死ぬ」と見なした[69]。

革命後のフランスでも「民主主義」という言葉はほとんど広まらず、むしろ非難を浴びた。貧困層が権力を握れば不穏状態に陥る、と喧伝された。アントワーヌ・バルナーヴは有名な愛国的革命家であり国民議会議員であったが、民主主義（la démocratie）を「政治体制のなかで最も不快で最も破壊的であり、国民自身にとって最も有害である」とした[70]。選挙権付与をめぐるフランス憲法制定時の論争は一七八九年から一七九一年にかけて戦わされたが、そこでは民主主義という言葉は一度も聞かれなかったのである[71]。

カナダの政治学者フランシス・デュピュイ＝デリは、民主主義という言葉の用例を調査し、アメリカ革命やフランス革命の指導者たちがその言葉を明らかに避けていることを突きとめた。彼らの大半が、民主主義は大混乱や過激化を意味すると考え、距離を置きたがったのである。そのことは、言葉の選択にとどまらない問題であった。民主主義の実態も、彼らの目には恐しく映った。革命指導者の多くは法律家、大地主、工場主、船主であり、アメリカではプランテーションや奴隷の所有者も付け加わった。すでにイギリス国王やフランス国王の治世下で、その貴族政の最盛期に行政や政治の職務に携わっており、戦いを挑んでいる体制とのあいだに社会的・家族的な繋がりのある者も少なくなかった。[72]

これらのエリートは、国王や貴族の正統性を揺るがすために戦ったが、その同じ運動において、人民にはみずから治める政治的能力がないと強調した。国民が主権者であり、我々エリートが国民の利益を保護すると声高に主張した。[73]

こうした文脈では「共和国」という言葉は「民主主義」という言葉よりも高貴に響いた。こうして、選挙制は抽選制よりも重要になった。フランス革命やアメリカ革命の指導者は、民主主義に意義を見いださなかったがために抽選制にも意義を見いださなかった。老父から意匠を凝らした馬車を受け継いだ者は、すぐには子どもたちに手綱を握らせないであろう。

モンテスキューの三政体論に戻れば、フランス革命やアメリカ革命の愛国的指導者は、たしかに共和主義者ではあったが、決して民主主義型の共和主義者ではなかった。人民には、権力という名の馬車の手綱を握らせようとはせず、みずから手綱を握った。他の者に手綱を握らせるとロクなことにならないと考えたのである。アメリカのエリートが権力を手放せば、彼らが失うものは大きかった。かなりの経済的特権を持っていたからである。フランスも同様だったが、別の事情もあった。アメリカとは異なり、旧体制と同じ領土に新しい社会を築かなければならなかったため、新しいエリートにとっては、古い土地貴族と妥協することが死活問題になった。たとえて言えば、革命が引き継いだ馬車には、まだ大勢の老貴族が乗っていた。新しい道を歩もうと思っても、頑迷な乗客の指図を無視するわけにはいかなかった。無視すれば邪魔されかねなかったからである。

しかし、両国の趨勢は誰の目にも明らかである。革命指導者が構想し設計した共和国は、民主主義的であるよりもむしろ貴族主義的でなければならなかった。選挙制はそのために有益でありうるとされたのである。

*

今日では、こうした結論は奇異な印象を与えるかもしれない。近代民主主義は一七七六年と一七八九年の革命とともに始まったと嫌というほど聞かされてきたからである。しかし史料を丹念に分析すれば、まったく異なるストーリーが浮かびあがるであろう。(74)

独立を達成した一七七六年、ジョン・アダムズは有名な『政府論』において、アメリカの領土は広すぎ人口も多すぎるため、人民が直接統治することは不可能であると、いちはやく書き記した。そのことは、もちろん事実である。アテナイやフィレンツェのモデルをそのまま移植したとしても、うまくいかなかったに違いない。だが、それに続く推論はおかしなものだった。アダムズは、最も重要なステップは「権力を多数派から、最も賢明で最も善良な少数派へと委譲すること」だと主張したのである。人民全員が発言できるわけではない以上、少数の優秀な人々が人民に代わって話し合いをしなければならないというのである。アダムズの期待は、あまりにもナイーブで、あまりにもユートピア的だった。いわく、そうした有徳な人々の集まりはそれ以外の人々と同じように「考え、感じ、論じ、動く」であろう。「彼らは、住民全体の正確な縮図でなければならないだろう」。なるほど、ニューヨークの銀行家とボストンの法律家は、それぞれのニーズや不満に共感しあえるかもしれない。だが、マサチューセッツのパン屋やニュージャージーの港湾労働者のニーズや不満にも同じように共感できるのであろうか。

その一〇年後、アメリカ憲法の起草者であるジェイムズ・マディソンは、この問題をさらに掘り下げた。「連合規約」(一七七七年)は、アメリカ連邦の正式の憲法に取って代わられるが、その第一次草案を書いたマディソンは、まだ連合にとどまっていた十三邦に同草案を批准させるべく、獅子奮迅の働きをした。『ザ・フェデラリスト』は、ニューヨーク邦の批准を求めて、マディソンと二人の仲間がニューヨークの新聞に連載した八五篇の論説を収めたものである。マディソンは一七八八年二月の論説において、次のように述べている。

すべての政治体制の目的は、何よりもまず、社会の共通善を識別する知恵を最大限に備え、かつその善のために尽力する徳性を最大限に備えた人々を指導者層に選出することである。……指導者層を任命するための選挙という方法は、共和主義的秩序を特徴づける原理である。(75)

マディソンは「社会の共通善を識別する知恵を最大限に備え、かつその善のために尽力する徳性を最大限に備えた人々」を好んでおり、この点でジョン・アダムズと軌を一にしていた。しかしその結果、政治的機会の平等な分配というアテナイの理想を完全に手放してしまった。ギリシアの精神にとっては、統治者と被治者の区別がないのが理想的だったが、マディソンにとっては、そうした区別があるほうが望ましかったのである。アリストテレスは、統治者と被治者の交替が自由の証であるとしたが、アメリカ憲法の起草者たちは、「最良の人々」が手綱をしっかり握ったほうがよいとしたのである。(76)

最良の人々が主導する政府。それは、ギリシア語ではaristokratia（貴族政）を意味していたのではなかったか。いずれにせよ、アメリカ独立革命の父トーマス・ジェファーソンは「才能や徳性を基礎とした、生まれながらの貴族政」のようなものがあり、「生まれながらの貴族がすんなりと政界入りできる」のが最良の政体だと考えた[77]。

ジェイムズ・マディソンは、さらに踏み込んだ。マディソンによれば、最良の人々が選挙を経て権力の座に就く以上、「いわゆる寡頭政」に陥ることはない。最良の人々が運営するおかげで効率的になるだけでなく、選挙という手続きのおかげで正統的にもなるであろう。彼の推論は、こうである。

> 連邦議会議員を選出する有権者は、誰なのであろうか。豊かな人々は貧しい人々ほど多くはない。学歴のある人々も学歴のない人々ほど多くはない。名家の放蕩息子も、平凡な家庭や不遇な家庭の慎ましい息子ほど多くはない。合衆国に住む人民の大半が有権者になるはずである。
> 〔『ザ・フェデラリスト』第五七篇〕

マディソンは、女性、インディアン、黒人、無産階級、奴隷が有権者ではなかったことに触れなかった。彼自身がヴァージニアで大規模な奴隷制プランテーションを所有していたことも、当時は差し障りになるようにはみえなかった。古代ギリシアでも、一部のエリートしか権力をめぐって競争できなかったのである。重要かつ斬新だったのは、マディソンが提案した選挙型代議制では、抽選制とは対照的に、統治者は被治者とは質的に異なるとされたことである。彼は多言を弄してすらいる。

誰が人々の選択の対象になるのであろうか。みずからの長所によって、その国の尊敬や信頼を集めた市民すべてである。……彼らは同胞市民の選好によって区別されたため、次のように想定することができるであろう。彼らは概して、その資質によっても多少なりとも区別されるであろう。〔『ザ・フェデラリスト』第五七篇〕

このように、すでに功績があり、尊敬や信頼を集め、一般市民より卓越した人物でなければならない。また、他の人に比べて善良で優秀な人物でなければならない。代議制は、投票のおかげで民主主義的であろう。しかし同時に、選抜のおかげで初めから貴族主義的であろう。誰でも投票できるが、エリートに都合がよいように候補者はあらかじめ絞り込まれているのである。

一七八八年二月一九日に『ニューヨーク・パケット』紙に掲載され、『ザ・フェデラリスト』に第五七篇として収められたジェイムズ・マディソンの論説。それは、民主主義が事実上産声を上げた場所であったが、より正確に言えば、民主主義が終焉を迎えた場所でもあった。政治的機会の平等な分配というアテナイ民主主義の理念が最終的に葬り去られたからである。それ以降、有能な統治者と無能な被治者という区別が存続している。民主主義の始まりではなく、テクノクラシーの始まりだったように思われる。

＊

フランス革命期の文書にも、革命が貴族主義化した様子が見うけられる。騒乱は民衆の反乱で幕を開けたが、やがて新興ブルジョア階級の手で穏健化していった。彼らは「みずからの事柄」を処理しようとした。すなわち、国を統治し、みずからの利益を守ろうとしたのである。このプロセスは、アメリカでは一七七六年の独立から一七八九年施行の憲法――マディソンが主要な役割を果たした――までの時期に進行したが、フランスでは一七八九年の暴動から一七九一年の憲法までの時期に進行した。いまや神話にすらなったバスティーユ襲撃など、多くの貧しい人民が加わった反乱はわずか数年後には、参加を選挙権に限定し、その選挙権もフランス人の六分の一にしか付与しない憲法に帰着したのである。

「人権宣言」は、一七八九年の革命期における最も重要な文書であるが、まだ次のように記していた。「法は一般意思の表明である。すべての市民は、個人又は代表を通じて、それに寄与する権利を保持している」。ところが一七九一年憲法では、そうした市民一人ひとりの貢献については跡形もなく消え失せてしまった。「すべての権力の源泉である国民は、委任によってしか権力を行使できない。フランス憲法は代議制を採用する」。わずか三年のうちに、立法の主導権は人民から国民代表へ、参加から代表へと移ってしまったのである。

とりわけ目を引くのは、フレジュスの司祭アベ・シィエスの態度だった。彼の扇動的なパンフレット『第三身分とは何か』は、革命の火薬庫に火を放った。シィエスは、聖職者と貴族（第一身分と第二身分）が市民（第三身分）に比べて、あまりにも大きな権力を握っていると考えた。そして、第三身分の参加を拡大し貴族の特権を廃止すべきだと訴えた。彼の著作はいたるところで読まれた（『第三身分とは何か』は、一七八九年一月だけで三万部以上が売れた）。そして、人々の不満を言語化し、革命の最も重要な理論家の一人と目されるようになった。そのシィエスが、にもかかわらず次のように記したのである。

フランスは民主主義国ではないし、民主主義国になるべきではない。……繰り返すが、民主主義的ではない国では（フランスも民主主義国になるべきではない）、人民の代表を通じてしか議論したり行動したりすることはできない。(78)

それ以降、「政治的広場恐怖症」（politieke agorafobie）とでもいったものが存在する。革命家でさえ、市井の人々に恐怖を感じるようになった。[79] いったん議員を選出した以上、人民は口をつぐまなければならない！　抽選制はそれ以降、公的生活のごく特殊な領域、すなわち特定の訴訟において陪審員を選出する際にしか用いられなくなった。

エドマンド・バークは、革命の貴族主義化に歓喜したに違いない。イギリスの哲学者にして政治家だったバークは、人民があまりにも大きな権力を握ることを死ぬほど恐れていた。典雅な筆致の『フランス革命の省察』（一七九〇年）には、統治者は「血筋や家柄や称号」ではなく「徳性と知恵」によって他の人々と一線を画さなければならない、と記されている（彼も、時代が変わりつつあることは十分に承知していたが）。そして、次のように続く。

理髪師や蠟燭職人の仕事は、いかなる人にも名誉を付与しない。それ以外の雇われ仕事については言うまでもない。そうした類の人民も、国家によって抑圧されてはならないであろう。だが、それらの人民が個人又は集団として統治することが許されるとすれば、国家は間違いなく抑圧されることになる。……いかなる職務の門戸も、誰にでも開かれていなければならないが、誰にでも平等にというわけにはいかない。交替制があってはならないし、抽選制による任命もあってはならない。政府は重要な任務に携わっており、その人材を補充するためには、抽選制や交替制という原理でうまくいくはずなどない。

アテナイの理想を諦めよ！　私の知るかぎり、一八世紀後半以降で最も露骨な抽選制の拒絶である。バークは民主主義に反対し、ルソーに反対し、革命に反対し、そして抽選制に反対した。そればかりか、エリートの能力を称賛したのである。「卑しい出自の者が崇高や権力へと辿り着く道は、やすやすと通れるようなものであってはならない、と断言したい。……名誉の神殿は、卓越性のうえに築かれなければならない[80]」。

バークの言葉は、大きな反響を呼んだ。恐怖政治が過ぎ去った後、一七九五年憲法をめぐる交渉が繰り広げられた際、憲法起草委員会の議長を務めたボワシ・ダングラはこう語っている。

我々は、最良の人々によって統治されなければならない。最良の人々とは、最良の教育を受けた人々であり、法秩序の維持に最大限の関心を抱く人々である。若干の例外はあるが、そうした人々は、財産所有者のなかにしか見いだせないであろう。彼らはみずからの不動産、それを保護する法律、それを維持する静けさに愛着を抱いている。……有産階級が統治する国は社会的秩序を保つが、無産階級が統治する国は自然状態に陥る[81]。

フランス革命もアメリカ革命と同じように、民主政にするために貴族政を追い払ったのではなく、選挙貴族政にするために世襲貴族政を追い払ったのである。「選挙貴族政」(une aristocratie élective)とはルソーの言葉である。ロベスピエールは「代議貴族政」(une arstocratie représentative)とさえ呼んだ![82] 君主と貴族は追放され、人々は国民(la Nation)、人民(le Peuple)、主権者(la Souveraineté)というレトリックで説き伏せられ、新興の上層ブルジョア階級が権力の座に就いた。彼らはその正統性を、もはや神や土や血から引き出したのではなく、貴族政の別の遺産から引き出したのである。それが選挙制である。

このように考えれば、誰が選挙権を得られるかをめぐって延々と論争が続いたことや、選挙権が厳しく制限されたことも合点がいく。一定額以上の税金を納めた者にしか、その資格は与えられなかった。一七九一年憲法に則った最初の国民議会総選挙では、フランス人のわずか六人に一人しか投票できなかった。熱烈な革命家だったジャン゠ポール・マラーは、人民の反乱が貴族主義化したと非難し、投票できなかった一八〇〇万人以上のフランス人に与したのである。「高貴な人々の貴族政を廃止し、それを富裕な人々の貴族政で置き換えたとき、我々はいったい何を手にしたというのか」。

第三節　選挙制の民主主義化——擬制の成立（一九—二〇世紀）

これまでの議論を要約しよう。前章では、選挙制はもはや民主主義の道具としては時代遅れになった、という結論に達した。本章では、選挙制は実のところ民主主義の道具を意図してなどいなかったことを知った。当初考えていたよりもはるかに酷い事態だ！　加えて、民主主義の道具として最も普及していた抽選制は、陪審員裁判というごく限られた領域を除けば、代議制の設計者によって完全に片隅に追いやられてしまった。我が選挙原理主義者は過去数十年にわたって、投票に固執してきた。投票があたかも民主主義の聖杯であるかのように。いまや我々は、我々が聖杯ではなく毒杯に、明らかに反民主主義の道具として配置された手続きに囚われてきたことを知っている。

かくも長きにわたってこのことに気づかなかったのは、いったいどういうわけなのであろうか。我々が選挙原理主義に陥った病因を見抜くためには、さらに第三段階へと進まなければならない。第一段階では、古代やルネサンス期の偶然型代議制民主主義の生理を示した。続く第二段階では、一八世紀後半において、選挙型代議制を好んだ新興エリートがどのように偶然型代議制民主主義の伝統を片隅に追いやったのかを示した。残された課題は、一九世紀と二〇世紀において（最近いたるところで火の粉をかぶっているが）、そうした貴族主義的転回がどのようにして民主的正統性を獲得することができたのかを調べることである。言い換えれば、革命の貴族主義化に続いて、選挙制の民主主義化を検討しなければならない。

まず目を引くのは、用語法が変化したことである。選挙権を基礎とした共和国は、たとえ選挙権が制限されていても「民主主義国」と呼ばれることが多くなった。ある観察者は一八〇一年にいちはやく、次のような結論を下すことができた。「ルソーが半世紀前に語った選挙貴族政とは、今日、代議制民主主義と呼ばれているものにほかならない[83]」。両者の同義性は今では完全に忘れ去られており、現在の体制に貴族主義的起源があることを把握している者はほとんどいなくなってしまった。

一九世紀初頭、かのアレクシス・ド・トクヴィルは新しい国家体制を視察すべく、九カ月間アメリカを旅行した。トクヴィルはその旅行をもとに書いた本に、いささかのためらいもなく『アメリカの民主主義』というタイトルを付けた。その理由は同書の冒頭に記されている。「アメリカ滞在中、多くの新しいものが私の関心を引いたが、なかでも地位の平等ほど私の関心を引いたものはない」。トクヴィルによれば、国民主権の理念がこれほど高々と掲げられた国は、アメリカを措いてほかにはない。この著作は一九世紀に多大な影響を及ぼしたため、共和政的な選挙型代議制を指すのに「民主主義」という言葉が普及した。

しかしこのことは、彼が選挙制を無批判に賛美していたことを意味するわけではない。トクヴィルは、傑出した観察者だった。もちろん、断頭台の露と消えた親族を持つ古い貴族の末裔として、新しい体制に疑いの眼差しを向けたのは当然である。にもかかわらず、アメリカで生起していることに大いに関心を寄せ、虚心坦懐に見聞きした。彼は他の貴族とは違い、アメリカ革命やフランス革命が偶発的事態（accident de parcours）ではなく、平等化という数世紀単位の大発展の一コマであることに気づいていた。この趨勢は、止めようと思っても止められるものではない。だからこそトクヴィルは、旧態依然とした世界と自覚的に距離を置いたのである。彼は一度も貴族の称号を利用しなかった。無神論者になり、市民階級の女性と結婚した。一八三〇年代に政界入りすると、フランスの政界があまりにも非民主的であり、市民に政治参加の機会をほとんど与えていないことを苦々しく思ったのである。

トクヴィルはアメリカ旅行を通して、熱烈な民主主義者になった。しかし、この新国家の具体的形態には、終生批判的でありつづけた。アメリカだけでなくフランスでも、選挙制が抽選制に勝利を収め、抽選制の役割は一部の訴訟における陪審員の選出方法にまで切り詰められていた。

トクヴィルは、これら二つの選出方法についてどのように考えていたのであろうか。彼の見事な文章は、長く引用する価値があるだろう。次に引用する選挙制に関する文章は、信じがたいことに、すでに一八三〇年に書かれていたのである。

選挙が近づくと、行政権の長（大統領）は、差し迫った戦いのことしか考えられなくなる。未来のことは目に入らなくなり、新しいことには着手できなくなる。そして、次の大統領が終わらせるかもしれないものを精気なく続ける。……国民の側では、その視線はたった一点に釘付けになり、来るべき産みの苦しみにしか関心を払わない。……選挙直前や選挙期間中は、国が危機に陥っている時期であると考えなければならない。……

雌雄が決するまでの長い期間、選挙は、人々の心を占める最大かつ唯一の事柄になる。政党の熱狂が再び勢いを増し、幸福で平穏な国において考えうるかぎりの激情が日々、眼前に繰り広げられる。大統領の側では、みずからを弁護しなければならず、選挙にかかりっきりにならざるをえない。大統領は国家の利益のためにではなく、再選のために行政権を司る。多数者の情熱に抵抗するのではなく（それが大統領の義務である）、多数者に早々とこびへつらい、選挙が近づくと策略がめぐらされ、興奮の渦が広がる。市民の側も、それぞれの候補者を擁した多くの陣営に分かれる。国全体が熱狂の渦にまきこまれる。選挙は、新聞の飯の種になり、井戸端会議の話題になり、あらゆる会合の目的になり、あらゆる思想の話題になり、目下の唯一の関心事になる。

もちろん、決着がつくや否や、この熱狂は静まりかえり、すべては落ち着きを取り戻し、しばし決壊していた河川は元の水位に戻る。だが、嵐が発生したことに驚かないわけにはいかない。(84)

これは間違いなく、選挙型代議制民主主義とその選挙熱、統治不全、メディア支配、要するにそのヒステリーにたいする最初期の批判の一つであろう。ところがトクヴィルは、抽選によって編制された陪審員、すなわち「任意に選出され、有罪・無罪を決める権限を一時的に得た一定数の市民」については、すこぶる好意的だった。ここでも少し長くなるが、トクヴィルの文章を引用しておきたい。

陪審制、特に民事陪審制のおかげで、裁判官の心の習慣の一部は、すべての市民の精神へと伝播する。自由のための最良の準備となるのは、この習慣にほかならない。

(アリストテレスと同様、トクヴィルがどのように自由を期間限定の責任と結びつけたのか、どのように自由を人間の学習対象と見なしたのか。この点に留意してほしい。)

自分の事柄とは別の事柄に従事するよう強いられることにより、人々は、社会をいわば錆びつかせる個々人のエゴイズムに対抗する。／陪審員になることは信じがたいほど、国民の判断力の形成に寄与するし、国民の自然理性の拡大に寄与する。これが最大のメリットであろう。それは、常時開校している無料の学校であると見なさなければならない。そこでは、誰でも自分の権利について助言を求めるようになり、上流階級のなかでも最も学識があり最も賢明なメンバーと日々接するようになる。法律は実践的に教えられ、弁護士の努力、裁判官の助言、訴訟当事者の情熱のおかげで、陪審員の知的能力に入り込む。私の考えでは、アメリカ人の実践的知性や政治的良識は、主として、民事陪審員としての長期間の使用に帰さなければならない。私は、陪審員が訴訟当事者にとって有益であるかどうかは分からない。しかし、裁判をする人々にとっては極めて有益であると確信する。陪審員は、社会が国民を教育するのに用いることのできる手段としては、最も有効な手段であるように思われる。[85]

揺籃期のアメリカ政治は、民主主義の偉大な力を示していた。ところがトクヴィルは、まだ大衆政党もマスメディアもなかった時代だったというのに、選挙戦という必要悪を苦々しく思っていたのである。

*

『アメリカの民主主義』の第一巻と第二巻は、選挙型代議制を促進したもう一つの出来事と同時代に刊行された。その出来事とは、一八三〇年のベルギー独立である。それまでは外国の統治下にあり、フランス革命後に限ってもオーストリア、フランス、オランダに領有されていた。この小国の誕生が大きな影響を及ぼしたことに驚かれるかもしれない。しかしそれは、まぎれもない事実である。ベルギー人が起草した憲法は、選挙型代議制モデルの青写真として歴史の一ページに刻まれたのである。(86)

ベルギー独立は、通常のコースをたどった。支配権力との衝突（一八三〇年八月―九月）の後、憲法制定会議（一八三〇年一一月―一八三一年二月）の時期に革命の貴族主義化が進んだ。革命を起こしたのは急進主義者、共和主義者、民主主義者だったが、憲法制定過程は言うまでもなく貴族、司祭、穏健自由主義者に握られていた。結果は見えていた。一八三〇年一一月三日、憲法制定のために実施された国民議会選挙において、選挙権を有していたのはわずか四万六〇〇〇人にすぎず、全住民の一パーセントにも満たなかった。一定額以上の税金を納めた者にしか選挙権がなかった。国の行く末を決定できたのは、主として大地主、貴族、自営業者だった。それに若干の「有能な有権者」が加えられた。すなわち、司祭や教授のように、納税要件は満たしていないが、その能力によって迎え入れられた市民である。国民議会議員は二〇〇人だったが、そのうち四五人は貴族、三八人は法曹関係者、二一人は治安判事、一三人は聖職者に属していた。つまり、国民議会の半数は独立前にも公職に就いており、過去との断絶は期待外れに終わったのである。(87)

革命の熱気は失われ、憲法は適度な妥協で幕を引かれた。外国もその妥協を容認することができたし、国内も一息つくことができた。保守派は、次の三つの点に胸をなでおろした。(共和政の代わりに)君主政を採用したこと、(選挙権拡大の代わりに)制限選挙権を維持したこと、そして(代議院だけでなく)元老院も設置したことである。とりわけ三点目は重要である。貴族が新しい国家のなかに橋頭堡を築いたからである。納税要件が非常に厳しかったため、最富裕層しか元老院に議席を占める見込みがなかった。わずか四〇〇名のベルギー人にしか、そもそも被選挙権がなかったのである。

とはいえ、誕生したばかりのベルギー社会では、進歩派も次の原則をなんとか死守した。国王の権力は、憲法や議会の権力に従属させられ(人々は立憲君主政や議会君主政を口にした)、間接選挙ではなく直接選挙が採用された(フランスやアメリカとは対照的だった)。また、報道の自由や結社の自由が憲法で保障され、抽選で陪審員を選出する司法制度も導入された。制限選挙権は存続したが、他の国ほど厳しくはなかった。ベルギーでは九五人に一人が投票できたが、君主政が復活したフランスでは一六〇人に一人しか投票できなかった。[88] 国民反乱のなかの急進派が望んでいた政治体制は、まったく実現しなかった。

ベルギー憲法全一三九条のうち四分の三は、すでに制定されていたフランス憲法やオランダ憲法を受け継いでいた。その独自性は、元首、議会、政府という多様な権力間の抑制と均衡という複雑な仕組みにあった。そしてその先進性は注目を集めずにはいられなかった。

この一つの憲法がどれほど大きな影響を及ぼしたのか、今ではほとんど知られていない。しかし一九世紀においては、近代国民国家の誕生に際して実によく参照されたのである。ザクセン憲法(一八三一年)、スイス連邦憲法(一八四八年)、フランクフルト国民議会が起草したドイツ連邦憲法草案(一八四九年)は、ベルギー憲法を部分的に受け継いだ。他方、スペイン憲法(一八三七年)のように、全面的に影響を受けた憲法もある。一八四八年革命の後、この憲法典は多くの国で模倣された。ギリシャ(一八四八年と一八六四年)、オランダ(一八四八年)、ルクセンブルク(一八四八年)、ピエモンテ・サルデーニャ(一八四八年)、プロイセン(一八五〇年)、ルーマニア(一八六六年)、ブルガリア(一八七九年)、それどころかオスマン帝国(一八七六年)でも、憲法起草の際に模倣された。とりわけオランダ、ルクセンブルク、ギリシャ、ルーマニア、ブルガリアは、ベルギーの原典を忠実に引き写した。二〇世紀初頭になると、その影響はイラン(一九〇六年)、トルコの前身オスマン帝国(一九〇八年)にさえ及んだ。ポーランド、ハンガリー、チェコスロバキアといった新興の中欧諸国も、それに倣った。(89)

最近の比較研究によれば、「一八三一年のベルギー憲法は、一八四八年以前に制定された諸憲法のなかでも最も重要である」(90)。『新ケンブリッジ近代史』は、それを「かがり火」になぞらえ、「おそらく当時のヨーロッパのどの憲法をも凌駕した」憲法だと評している。

この模範となった憲法は……ベルギー以外の憲法に比べてユニークであり群を抜いていた。……この憲法がもっと多くの国で模倣されなかったのが不思議なくらいである。[91]

要するに、一三九条の簡にして要を得た憲法典は、一世紀にわたって近代世界の大半を規定した。それとともに選挙型代議制モデルは世界標準になった。トクヴィルはこのモデルに「民主主義」という名前を付けたが、ベルギー憲法は世界各国に青写真を提供したのである。民主主義を前進させるための闘いは、一八五〇年以降は選挙制に反対する闘いではなく、選挙権の拡大を求める闘いになった。ヨーロッパ各国で台頭した労働運動は、選挙権の拡大を闘争の重点項目の一つに掲げたほどである。抽選制など論外であり、国民のあいだで苦々しく思われてすらいた。軍隊に若者を送り込む徴兵制という忌まわしい仕組みを連想させたからである。徴兵制はフランス人によって一八世紀末に考案されていたが、ベルギーやその他の国ではもう一世紀流行しつづけ、多くの人々を絶望の淵へと追いやった。フランダース文学の父ヘンドリック・コンシェンスは一八四九年、それをテーマにした彼の最高傑作を執筆した。見事な長編小説『ロテリング』(*De loteling*, 1850) である。[92]

もちろん、徴兵制は政治的機会を等しく割り当てるものではなく、誰もが忌避したがる役務を偏りなく割り当てるものである。少なくとも理屈のうえでは、そうである。しかし実際には、社会的不平等が存在していた。裕福な若者はたとえ選ばれたとしても、高いカネを払えば兵役を農民や労働者の若者に肩代わりさせることができたからである。それゆえ、抽選制への嫌悪は下層階級のあいだで根強かった。とりわけ貴族を利するものであるようにみえたからである。何という歴史の逆転であろうか！　突如として、選挙制が民主主義的であり抽選制が貴族主義的であると考えられるようになったのである。現在に至るまで、抽選制を政治で用いようと提唱した社会主義の指導者もいなかったし、それを擁護した田舎の司祭もいなかった。抽選制は消え失せてしまったのである。

そうしたなか、古代アテナイの抽選制に関する最初の本格的な研究書が一八九一年に刊行された。著者のジェイムズ・ウィクリフ・ヘッドラムはケンブリッジ大学キングス・カレッジで研究生活を送っていたが、同書を次の言葉で書きださざるをえなかった。

古代史の諸制度のなかでも公職抽選制ほど理解しにくいものはない。我々自身、そうした仕組みを経験したことはないし、導入しようと提案すれば馬鹿げていると思われるであろう。それゆえ、かつて文明社会で抽選制が広まっていたとは、にわかには信じられない。(93)

それから半世紀経った一九四八年、世界人権宣言は「国民の意思は、定期的に実施される公平な選挙によって表明されなければならない」と謳った。さらに半世紀後、フランシス・フクヤマは世界的ベストセラーにおいて、議会制民主主義と自由市場経済の神秘的結婚を祝福し「歴史の終わり」を高らかに宣言した。「成人の普通選挙権・平等選挙権を基礎とし、国民がその政府を定期的に選挙――秘密投票制や複数政党制を備えた――で選ぶ権利が付与されているとき、その国は民主主義的である[94]」。

ついにコンセンサスが成立した。

我が選挙原理主義の病因を総括しよう。あらゆる政治的道具のなかで最も民主主義的である抽選制は、一八世紀に選挙制に敗北を喫せざるをえなかった。だが選挙制は、そもそも民主主義の道具であるとは決して見なされておらず、新興の非世襲貴族が権力を握るための手続きであると見なされていた。選挙権の拡大によって、この貴族主義的手続きは抜本的に民主化されたが、統治者と被治者、政治家と有権者という根本的で寡頭政的な区別がなくなったわけではない。エイブラハム・リンカーンの期待に反して、選挙制民主主義は依然として、人民に<ruby>よる</ruby>政治であるよりも人民の<ruby>ため</ruby>の政治でありつづけた。垂直的関係が不可避に残りつづけた。常に〈上〉と〈下〉、政府と臣民が存在していたのである。投票は、個々人を〈上〉に持ち上げるための業務用エレベーターになった。その結果、選挙による民主主義は、国民みずからが選択した封建制、人々が同意した国内植民地主義のような形になっている。

近年いたるところではびこっている民主主義疲れ症候群は、選挙型代議制を称賛したことの当然の帰結である。選挙制は過去数十年間、民主主義のモーターをうむことなく回しつづけてきた。しかし今日では、選挙制がしょせん借り物であることがますます明らかになっている。これまで人類は、国民主権の機構に多かれ少なかれ適合するように選挙制を調整しつづけてきたが、二世紀を経て急速に金属疲労が目立ちはじめている。効率性はパチパチ、正統性はキーキーと音を立てている。いたるところで、不満、懐疑、抗議が湧き起こり、別の民主主義は考えられないのかと疑問の声があがっている。こうした状況において抽選制の理念が復活したのは、何ら驚くべきことではない。

第4章

治療

ガンジーの言葉だとされることも少なくないが、正しくは中央アフリカから伝わった名言がある。「私のために行なったことでも、私に相談しなかったのであれば、私の意思に反して行なったことになる」。要するに、これが今日の選挙型代議制民主主義の悲劇であろう。よかれと思って国民を統治する者でも、国民を関与させないのであれば、不完全にしか統治していないことになる。たしかに、国民の大半が読み書きできず、交通の便も悪かった一八世紀には、選挙制を選択したことにも一理あった。しかし、今日でもなお妥当するのであろうか。

第一節　抽選制の復活――熟議民主主義（二〇世紀末）

一九八八年八月、アメリカの雑誌『アトランティック・マンスリー』に、ジェイムズ・フィシュキンの注目すべき論説が掲載された。わずか二ページの小論だったが、その内容は多くの人々に衝撃を与えた。それは大統領選挙――ジョージ・ブッシュ・シニアがマイケル・デュカキスとの選挙戦を制し、権力の座に就いた――の数カ月前のことだった。全米で長期にわたる予備選挙や党員集会が実施された後、この二人はそれぞれの政党の大統領候補者に指名された。アメリカでは通常、予備選挙や党員集会はアイオワ州やニューハンプシャー州で始まり、メディアはここでの戦いを大きく伝える。そのため、両州は実態よりもはるかに大きな影響力を持つ。そこで勝利を収めた候補者はテレビで大きく報じられ、逆に敗北を喫した候補者はスポンサーの撤退によって脱落するかもしれないからである。党内の複数の候補者を十分に検討する間もなく、メディアとスポンサーの暗黙のルールによって結論が事実上出てしまうのである。

これでよいのか、とフィシュキンは問いかける。これで民主主義と言えるのだろうか、と。フィシュキンはテキサス大学の若き教授であり、彼の専門分野の最新文献に通じていた。政治学者のジェーン・マンスブリッジが数年前に公刊した『敵対型民主主義を超えて』も精読していた。マンスブリッジによれば、アメリカには「敵対型」(adversary)と「統合型」(unitary)という民主主義の二つの伝統が存在する。敵意を向ける伝統と敬意を払う伝統、政党間の闘争という伝統と市民間の熟議という伝統である。もちろんフィシュキンは、ベンジャミン・バーバー『ストロング・デモクラシー』(一九八四年)も知っていた。同書は、二〇世紀末の数十年間において多大な影響を及ぼした政治理論書の一つである。バーバーは「強い」民主主義と「弱い」民主主義を区別し、今日の対立型の代議制民主主義は弱い民主主義と特徴づけられると論じたのである。

実に刺激的な時代だった。戦後最大の政治哲学者の二人であるジョン・ロールズとユルゲン・ハーバーマスは、市民参加を拡大して社会の将来像を話し合おうと訴えかけた。いわく、そうした話し合いは理性的に行なうことができるし、民主主義をより公正なものにするであろう。学界では現在の体制の限界について、かつてないほど多くの警告が発せられるようになっている。

そうした新しい理念を実行に移す時がいよいよ到来したのではないか。フィシュキンは『アトランティック・マンスリー』に寄せた有名な小論において、共和党・民主党の大統領候補者全員と、アメリカ各地に住む一五〇〇人の市民が二週間集まることを提案した。市民は、各候補者の政策について質問してもよいし、市民同士で熟議してもかまわない。テレビ放送を通じて、一五〇〇人以外の市民も、これまで以上によく考えて選択することができる。フィシュキンは極めて自覚的に、アテナイ民主主義から二点を受け継いでいる。最大限の多様性を確保するために、参加者を抽選で選出するとともに、日当を支給するのである。「政治的平等は無作為抽出によって機能するようになる。理論上、すべての市民は、参加者として選出される平等な機会を有している」。政治的機会の平等な分配。このアテナイの理想が灰の中から再び燃え上がった。フィシュキンが無作為抽出で念頭に置いているのは、しかし、月並みな世論調査以上のものである。「そうした世論調査は、公衆が何も考えてないときに、公衆が考えていることを測る。……これにたいして熟議型世論調査は、公衆が熟考する機会を得たときに、公衆が考えていることを測る」。

熟議民主主義という言葉が誕生した。熟議民主主義では、市民は政治家に投票するだけでなく、市民同士でも専門家とも話し合いをする。その中心には集合的熟議が置かれ、情報と議論に基づいて、社会的課題の具体的・合理的な解決策を立案するのである。発言力のある少数の参加者が仕切らないように、少人数のグループ、専門的トレーニングを受けた司会進行役、そしてタイムテーブルが活用されることが多い。近年、熟議民主主義に関する文献は爆発的に増えたが、その着想は二五〇〇年前に遡る。フィシュキン自身、次のように述べている。

政治的平等と熟議の組み合わせは、古代アテナイに遡る。そこでは、社会の縮図たる熟議体——抽選で選出された数百人の様々な人々で構成される——が重要な決定を下した。アテナイ民主主義の没落とともに、そうした制度も時代遅れになり、そのまま忘れ去られた。[95]

フィシュキンは、みずからの提案に真剣に取り組んだ。組織形態や資金源を探究したが、一九九二年の大統領選挙には間に合わなかった。参加者の移動手段や宿泊施設はどうするのか。二週間は長すぎ、一五〇〇人は多すぎた。そこで彼は、提案を修正した。六〇〇人が週末に集まるのであれば実現しやすいし、統計的に見てもなお市民全体を代表しているといえるであろう。幾つかの小規模な熟議プロジェクトをイギリスで試行した後、ビル・クリントンとボブ・ドールが争った一九九六年の大統領選挙に間に合わせた。一月一八日から二一日にテキサス州オースティンで、初の大規模な熟議型世論調査が実施されたのである。それは「全米争点会議」（National Issues Convention）と名付けられた。フィシュキンは、アメリカン航空、サウスウェスタン・ベル、オースティン市、公共放送局PBSなどの支援を受け、四〇〇万ドルの資金を集めた。抽選された市民と大統領候補者の熟議を多くの公衆が見られるように、PBSはこの取り組みの中継に四時間以上もの枠を提供した。こうした多大な支援があったにもかかわらず、フィシュキンは、驚くほど反発を買った。彼の提案を罵ったオピニオンリーダーもいた。また、イベントが始まる前から、アメリカ全土のジャーナリストのあいだに、この取り組みに警告を発する『パブリック・パースペクティブ』誌のコピーが出まわっていた。[96] 市民が熟議する？ そんなことはできないし、少なくとも好ましくないし、とにかく危険極まりない！

ジェイムズ・フィシュキンは、しかし、ぶれなかった。研究者として、そうした熟議が人々に何をもたらすかを突きとめるだけでも意味があると判断したのである。フィシュキンは、参加者の意見がどのように変化したかを知るために、熟議前・熟議中・熟議後にアンケート調査を実施した。参加者には、事実に関する情報を記載したファイルがあらかじめ配られた。そして、他の参加者や専門家と話し合いをする機会も与えられた。そのことは、彼らの意見に影響を与えたのであろうか。観察した人はたいてい次のような印象を受けた。「大半の参加者は大いなる献身、相互尊重、ユーモア感覚にあふれ、異なる意見にも寛容であろうとする雰囲気があった[97]」。

印象だけでなく、客観的調査の結果も劇的だった。熟議の「前」と「後」で著しい相違があることが明らかになったのである。熟議を通して市民は大いに成長し、その政治的判断は洗練された。自分の意見を修正することを学んだし、政治的意思決定の複雑さにも気づいた。然るべき手段が与えられれば、普通の個人も政治的能力を持つ市民になりうることが初めて学問的に実証された。ここに「世論調査に振り回される大衆民主主義、ワンフレーズやスローガン」から「真に公的な声」へ民主主義を強化するチャンスがあると、フィシュキンは確信したのである。[98]

*

ジェイムズ・フィシュキンの仕事は、政治学に真の熟議論的転回をもたらした。熟議民主主義が選挙型代議制民主主義という病軀にショック療法を施せることに疑問を呈したまともな学者は一人もいなかった。市民参加は、デモ、ストライキ、署名といった公共空間への合法的動員の問題にとどまらず、制度化されなければならない。フィシュキン自身、その後、世界中で数十もの熟議型世論調査を組織したが、その結果は多くの場合強い印象を与えた。[99] 彼が勤務していたテキサス州では、クリーンエネルギーについて話し合うために、市民が数回にわたって抽選で選出された。原油産出量の多い州では、クリーンエネルギーは人々の関心を引くテーマではなかった。しかし、他の市民との熟議を通じて、風力発電や太陽光発電のためなら電気料金の値上げもやむをえないと答えた人は、五二パーセントから八四パーセントへと跳ね上がった！ 支持が広まったことで、テキサス州は二〇〇七年、アメリカで最も風車の多い州になったのである。一〇年前には、この方面では後塵を拝していたというのに。このほかにも、たとえば日本では年金、ブルガリアではロマ差別、ブラジルでは公務員のキャリア、中国では都市政策について熟議がなされた。いずれのケースでも、熟議は新しい立法へとつながった。熟議民主主義は、北アイルランドのように深刻な分裂を抱える社会でも機能することが明らかになった。フィシュキンは教育改革をめぐって、カトリックの保護者とプロテスタントの保護者に熟議してもらった。その結果、普段はあまり会話をしない人同士でもきちんと議論をすれば実現可能な提案ができる、ということに気づいたのである。

それ以外の国でも、新しい市民参加モデルが模索された。ドイツでは、すでに一九七〇年代から「計画細胞」(Planungszellen)を経験していた。デンマークは一九八六年に「科学技術評議会」(Teknologi-rådet)を設置した。新しい科学技術、たとえば遺伝子組み換え作物の社会的影響について市民が話し合いをする、議会に準ずる機関である。フランスには一九九五年以降、環境やインフラに関して市民が参加できる「国家公開討論委員会」(Commission nationale pour le débat public)がある。イギリスは「市民陪審制」(Citizen Juries)に着手している。ベルギーのフランダース地方では、市民が科学技術政策に関与できるように、二〇〇〇年に「社会と科学技術研究所」(Instituut Samenleving en Technologie)が設立された。これらは、ほんの数例にすぎない。participedia.net というウェブサイトには、過去数年間に開催された数百に及ぶ市民参加に関する情報が掲載されている。そのリストは、毎日のように膨らみつづけている。

とりわけ市レベルは、実り豊かな実験場となった。ニューヨークの住民は、グラウンドゼロの再開発について二日にわたって話し合った。マンチェスターでは、防犯について話し合われた。ブラジルのポルト・アレグレ市をはじめとする南アメリカの多くの都市では、予算について参加型の話し合いが行なわれ、市民が市の予算編成方針に直接関与している。中国の温嶺市では、大規模インフラ整備事業の優先順位をめぐって、抽選された市民が党指導部に助言する機会が与えられた。オランダのロッテルダム南区とベルギーのゲンク市では、二〇一三年、将来直面するであろう大きな社会経済的課題をめぐって、無作為抽出された多くの住民が熟議した。

しかし参加民主主義は、国レベルや地方レベルに限定されるわけではない。欧州連合（EU）も大規模に熟議民主主義を活用してきた。二〇〇五年の「知性の集会」（Meeting of the Minds）、二〇〇七年と二〇〇九年の「欧州市民会議」（European Citizens' Consultations）である。そして二〇一三年を「市民の年」と宣言したのである。

市民陪審制、ミニ・パブリックス、コンセンサス会議、熟議型世論調査、計画細胞、公開討論、市民討議会、市民議会、タウンホール集会。いずれの主催者も、次の選挙までの時期に人々の声に耳を傾けることに価値を見いだしている。選挙型代議制民主主義は、それらの偶然型代議制民主主義によって豊かになるであろう。

＊

さて、熟議プロジェクトは、市民パネリストをどのように構成するかを決定しなければならない。市民自身が応募できる場合、モチベーションは高く、積極的に関わろうとすることは間違いない。だが、自薦の短所は、高学歴で発言力のある三〇歳以上の白人男性、いわゆる「社会的地位のある市民」に占められてしまうことである。これでは、理想からはほど遠い。一方、抽選で選出される場合には、多様性も正統性も高まるが、代償も大きくなる。全市民を十分に代表するように無作為抽出を実施するとなると、費用がかさむ。また、自発的に手を上げたわけではない参加者は予備知識に乏しく、たちどころに関心を失いかねない。自薦は効率性を高めるが、抽選は正統性を高める。そこで、その併用型が選択されることもある。抽選した後で自薦したり、自薦した後で抽選したりするのである。

決してあってはならない例も見られる。二〇〇八年四月、オーストラリア首相のケビン・ラッドは、二〇二〇年のオーストラリアをテーマとした市民サミットを開催するために、数千人もの住民を集めた。彼は、国中の「選りすぐりの人々」――まるで一八世紀後半のスローガンだ――を探したのである。市民は、自分自身を候補者として推薦しなければならなかった。すなわち、資格を記した履歴書を提出し、どのように関わりたいかを記した志望理由書を送付しなければならなかった。オーストラリアは広大な国なのに、旅費も宿泊費も支給されなかった。北部に住む貧しいアボリジニの女性のうち、キャンベラ行きのチケットを購入しようとした人は、いったい何人いたのであろうか。そう、選挙された貴族政は民主主義になるのではなく、自薦された貴族政になり、いっそう悪くなってしまうであろう。そうなれば、市民参加は「能力主義の密会」に堕してしまうであろう。[100]

第二節　民主主義の刷新の実践——各国の探究（二〇〇四—二〇一三年）

近年、様々な市民参加が試みられてきたが、特に目を引きそうなものが五つある。大胆かつ重大であるうえ、国や州のレベルで実施されたからである。うち二つはカナダの、残る三つはオランダ、アイスランド、アイルランドの事例である。いずれも二一世紀初頭の一〇年間に実施された（ただし、アイルランドの試みは二〇一三年末までかかった）。そして、政府から期間限定の権限や多額の予算を獲得して、極めて重要な案件、すなわち選挙制度改革、それどころか憲法改正にさえ携わったのである。まさに民主主義の核心に触れており、市民が風車の建設やトウモロコシの遺伝子組み換えについて話し合うのとは次元が異なっていた。

＊

図表4は各プロジェクトの基本情報をまとめたものであり、二つの時期に区分されている。第一期は二〇〇四年から二〇〇九年までの時期であり、カナダのブリティッシュコロンビア州とオンタ

リオ州、オランダの市民フォーラムが含まれる。これら三つは既存の選挙制度の改革、少なくとも改革案の作成に携わるプロジェクトだった。

第二期は二〇一〇年に始まり、現在も進行中である。ここに入るのは、アイスランドの憲法討議会(Stjórnlagaping á Íslandi)とアイルランドの憲法会議(An Coinbhinsiún ar an mBunreacht)である。この二つのプロジェクトには、憲法改正案を提言する権限が付与された。アイルランドでは憲法の八つの条項が検討の対象になったが、アイスランドでは憲法全体が対象になった。憲法を書き換えてほしいと言われても、市民にとっては朝飯前というわけにはいかない。大胆な民主主義の刷新に踏み切ったのが、二〇〇八年の世界金融危機で大打撃を被ったこの両国だったことは、決して偶然ではない。アイスランドの財政破綻やアイルランドの景気後退は、支配的なモデルの正統性に疑問を投げかけた。信頼を取り戻すべく、両国政府は何らかの手を打たなければならなかったのである。

カナダのブリティッシュコロンビア州は二〇〇四年、現代世界において類を見ないほど野心的な熟議の口火を切った。州政府は、無作為抽出した一六〇人の市民に選挙制度改革を任せようとした。カナダは依然として、イギリス型の相対多数代表制を採用していた。この選挙制度では、各選挙区で一票でも上回った候補者が議席を獲得する(比例代表制とは対照的な「勝者総取り方式」)。これが最も公正なやり方なのであろうか。市民討議会(citizen assembly)の参加者は、一年近く定期的に顔を突き合わせた。選挙というゲームのルールを変更することは、政党自身ではなかなか手をつけ

オンタリオ州（カナダ） 1,290万人	アイスランド 30万人	アイルランド 640万人
選挙制度改革に関する市民討議会 2006〜2007年	憲法討議会（stjórnlagaþings á Íslandi） 2010〜2012年	憲法会議（An Coinbhinsiún ar an mBunreacht） 2013年
選挙制度改革	新憲法制定	8つの憲法条項の改正
政府	議会（Alþingi）	議会（Oireachtas）
9カ月間	2年間（3期）	1年間
450万ユーロ	220万ユーロ	120万ユーロ
103人	25人	100人
各選挙区から1人。女性52人，男性51人。〔うち〕先住民1人。	地域や性別に応じて比例的に配分。	非政治家66人，政治家33人（共和国29人+北アイルランド4人），議長1人。
に招待状を送る。 決めることができる。	直接選挙 1. 522人が立候補する。 2. 25人が選挙される。 3. 議会が任命する。	グループ別 1. 議長が任命される。 2. 市民が抽選される。 3. 政治家が派遣される。
1日につき110ユーロ	参加者1人あたり4カ月分の議員報酬	すべての経費が充当される。
	1. 国民会議：1000人の市民による価値判断 2. 憲法委員会：7人の政治家による事前勧告 3. 憲法討議会：25人の市民	1. 専門家との会合（計8週末）。 2. 誰でも勧告を提案してよい。 3. 地域別の会合 4. ライブ配信を利用した全員参加の会議 5. 勧告の作成
One Ballot, Two Votes (May 2007)	*Proposal for a New Constitution for the Republic of Iceland* (July 2011)	*Reports and Recommendations from the Convention*

図表 4　西洋諸国における民主主義の刷新

国	ブリティッシュコロンビア州（カナダ） 440 万人	オランダ 1,670 万人
プロジェクト	選挙制度改革に関する市民討議会 2004 年	選挙制度市民フォーラム 2006 年
任務	選挙制度改革	選挙制度改革
依頼者	政府	政府
期間	1 年間	9 カ月間（10 週末）
予算（ユーロ）	410 万ユーロ	510 万ユーロ（＋人件費）
人数	160 人	140 人
編制	79 選挙区から男女 1 人ずつ。先住民から 2 人。	各州の人口や性別に応じて比例的に配分。
選抜	3 段階で補充する。 1. 抽選：（住民登録に基づいて）無作為抽出された市民 2. 自薦：候補者は情報集会に出席し，参加するか否かを 3. 抽選：各候補者集団のなかから割当抽出する。	
報酬	1 日につき 110 ユーロ 経費・託児所	週末につき 400 ユーロ
過程	3 段階（それぞれ 3 〜 4 カ月）で構成される。 1. 専門家の講習を受講する段階。 2. 市民同士で審議する段階：地域ごとに会合を開く段階。 3. 意思決定し報告書を作成する段階。	
報告書	*Making Every Vote Count* (December 2004)	*Met één stem meer keus* (December 2006)

法的拘束力あり。 ただし，レファレンダムの後に。	法的拘束力あり。 ただし，レファレンダムの後に。	法的拘束力あり。 ただし，議会の後に。
レファレンダム 2007年：36.9%	レファレンダム 2012年：すべての条項に関して有効投票総数の 2/3 以上。 議会は2回（選挙前に1回，選挙後に1回）承認しなければならない。	勧告は議会へ。議会はレファレンダムを実施するか否かを 4 カ月以内に決定する。レファレンダムの決議要件は過半数である。

られない典型的な案件である。政党は公共の利益に奉仕することよりも、新しい提言がどれくらい自党に不利益をもたらすかを絶えず気にかけざるをえないからである。

それゆえ、中立的な市民が作業に携わるという理念は、オンタリオ州でも理に適っているように思われた。オンタリオ州の人口はブリティッシュコロンビア州の人口の約三倍だが、ここでも、有権者名簿から無作為抽出された大勢の市民に宛てて招待状が送られた。関心を抱いた市民は説明会に足を運び、希望すれば参加を承諾することができた。この候補者集団のなかから、一〇三人の市民で構成される代表者パネルが抽選で選出された。五二人は女性、五一人は男性、少なくとも一人は先住民でなければならず、年齢構成にも配慮しなければならなかった。ただし、議長だけは任命された。最終的に抽選された参加者の内訳を見ると、七七人はカナダ生まれだったが、二七人は外国出身だった。また、保育士、会計士、肉体労働者、教師、公務員、実業家、ＩＴ関係者、学生、ケア労働者といった職業に従事していた。

権限	法的拘束力あり。 ただし，レファレンダムの後に。	法的拘束力なし。
帰結	レファレンダム 2005 年：57.7% 2009 年：39.9%	レファレンダムなし。 2008年，政府によって棄却される。

他方、比例代表制が採用されているオランダでは、D66という政党が長年、民主主義のゲームのルールを改善しようと呼びかけてきた。二〇〇三年、連立交渉に参加した際、同党は、カナダの先例にならって選挙制度市民フォーラム（Burgerforum Kiesstelsel）を設置するよう交渉相手を説得した。D66以外の政党はあまり乗り気ではなかったものの、D66を政権に引きこめるのであれば、それを呑むことができた。ところが、二〇〇六年の解散・総選挙後にD66が下野すると、このプロジェクトも静かに息を引き取った。ほとんどのオランダ人、それどころか熱心な新聞購読者層でさえ、まったく知らなかったり、記事を読んでいたとしても、ほとんど印象に残っていなかった。カナダと同じく興味深い取り組みであっただけに、残念でならない[101]。

これら三つのケースでは、参加者の選出は三つの段階をたどった。第一に、有権者名簿から多数の市民を無作為に抽出し、郵便で招待状を送った。第二は、自薦という手続きである。関心を持った者は説明会に足を運び、候補者になることができた。第三に、それらの候補者のなかから、最終的なチームを抽選で選出した。その際、年齢や性別などが偏らないようにした。要するに、そこで採用されたのは、抽選─自薦─抽選という仕組みだった。

三つの地域では、熟議は九カ月間から一二カ月間続いた。その間、参加者はまず専門家や参考資料を通じて、テーマに精通する機会を得た。次に、参加者以外の市民と話し合ったり、参加者同士で熟議を重ねたりした。最後に、選挙制度改革の具体的提案をまとめたのである（ちなみに、オンタリオ州の市民が選択した選挙制度〔小選挙区比例代表併用制〕は、ブリティッシュコロンビア州の市民が選択した選挙制度〔単記移譲式比例代表制〕とは異なっていた。熟議は、既定路線への誘導ではなかった）。

カナダやオランダの市民討議会のオンライン・レポートで目を引くのはその精緻さであり、完成度の高い選挙制度改革案が具体的に提示されていることである。抽選で選出された一般市民が理性的・合理的決定を下せるのか疑問に感じる人は、それらのレポートに目を通してみるとよい。フィシュキンの知見がまたしても裏付けられていることに気づくであろう。

もう一つ目を引くのは、いずれのプロジェクトも政策に何の影響も及ぼさなかったことである。なぜなのであろうか。入口段階では理に適っていたのに、出口段階で実を結ばなかったのであろうか。まさにそのとおりである。三つのケースでは、市民討議会の提案はレファレンダムで承認されなければならなかった。抽選制は明らかに、本質的正統性を獲得する民主主義の道具としては、まだ馴染みがなさすぎた。アメリカの陪審員の評決がレファレンダムで承認されなければならないようなものである。だが、まぎれもなく承認されなければならなかったのである。その結果、数十人の市民が数カ月間を費やした成果は、わずか数秒間の投票で判定されてしまった。ブリティッシュコロンビア州では、五七・七パーセントの市民が賛成票を投じた。多いとはいえ、六〇パーセントという法定要件にはわずかに届かなかった（二〇〇九年に再びレファレンダムが実施されたが、賛成票は三九・九パーセントにとどまり、当初の熱気は冷めてしまった）。オンタリオ州では、わずか三六・九パーセントの市民しか賛成票を投じなかった。オランダでは、すでに五〇〇万ユーロ以上の予算を組んでいたにもかかわらず、バルケネンデ内閣は、選挙制度市民フォーラムの勧告を実施しないことを決定した。

民主主義の刷新には紆余曲折がある。それゆえ、カナダやオランダの試みが失敗に終わったとはいえ、そこから多くの教訓を得ることができるであろう。失敗の原因は幾つもある。第一に、レファレンダムで投票した市民は、すでに述べたように、審議の経過を知らなかった。投票所における素朴な意見（raw opinion）は、関係者の情報に基づいた意見（informed opinion）と著しくかけ離れていた。[102] 第二に、市民フォーラムは、期間も権限も限定された組織にすぎない。その見解は、正式の常設機関の見解よりも一段低く見られざるをえない。第三に、提案に疑問を呈したり露骨に黙殺したりするほうが、政党の利益に適っていることも少なくない。選挙制度改革は、政党の権力を奪いかねないからである。オランダでは、政府はレファレンダムを実施しなかったばかりか、勧告を即座にゴミ箱に投げ捨ててしまった[103]。第四に、カナダの商業メディアはしばしば、提案の内容いかんにかかわらず、市民討議会にたいして激しい敵意を抱いた。オンタリオ州では、報道陣の「拒絶反応はヒステリック」ですらあった[104]。第五に、市民フォーラムは通常、熟練の広報官も潤沢な広報資金も持たなかった。メディアが審判を下すのに、資金は広報ではなく実務に投入された。第六に、複雑な改革案に関するレファレンダムは、常に反対派に有利であろう。「よく分からないならノーと言おう」というわけである。欧州憲法の場合にも、反対派は疑念を抱かせるだけで事足りたが、賛成派は多大な労力を払って宣伝しなければならなかった。いったいレファレンダムは、複雑な案件を決定するのに適しているのであろうか[105]。

レファレンダムはここ数十年、民主主義を改善するのに有効な手段と見なされることが多かった。社会が個人主義化し、市民社会の諸団体がかつてないほど衰退している時代には、レファレンダムは、論争的な案件について市民の意見を直接訊くのに非常に有益であるように見えた。たしかに、オランダ、フランス、アイルランドで欧州憲法をめぐるレファレンダムが実施された後、レファレンダムへの熱意がやや冷めていることは否めない。とはいえ、独立の是非を問うたカタルーニャやスコットランド、EUからの離脱を問うたイギリスの例に見られるように、レファレンダムは依然として絶大な人気を誇っている。

たしかに、一般市民に意見を求めるという点では、レファレンダムと熟議民主主義はよく似ている。だが、それ以外の点では、両者はまったく異なっている。レファレンダムでは、ごくわずかの人々しか知識を持たないことの多いテーマについて、すべての者が投票するよう求められる。他方、熟議民主主義のプロジェクトでは、全員に十分な情報が与えられたテーマについて、無作為抽出された代表が熟議するよう求められる。レファレンダムで示されるのは総じて直感であるが、熟議で示されるのは啓発された世論である。

市民討議会は、そうした良い仕事をできるだろうが、その見解を遅かれ早かれ公表しなければならず、その後、厄介な経過をたどらざるをえない。閉鎖的空間でなされた市民の熟議はたちどころに、公的空間という強い日差しにさらされる。そして、政党や商業メディアの陣営には決まって強硬な反対派がいる。この現象はいたるところで見られ、我々の探究心をそそる。なぜ彼らは辛辣なのか、多くの研究者や活動家が頭を悩ませている。労働組合、経営者団体、青年運動、女性団体といった市民社会のアクターが一世紀以上にわたって活動してきたこと一つをとっても分かるように、市民社会はほとんどの場合、市民参加の拡大に前向きだった。だが、メディアや政界はむしろ冷やかであることが少なくない。メディアや政界は世論の守護神を長らく務めており、その特権を手放したくないからなのであろうか。たしかに、そうした面もある。選挙型代議制という古い仕組みに組み込まれていて、新しい形態の民主主義を動かしにくいからなのであろうか。そうかもしれない。

トップダウンにどっぷり浸かった人は、ボトムアップがもたらすものに適応できないからなのであろうか。その可能性も否定できない。

しかし、別の要因も一定の役割を果たしている。それは、政党が有権者に恐怖心を抱いている事実である。多くの市民が政治家に不信感を抱いていることは、よく知られている。だが、政治家も同じように市民に不信感を抱いている可能性があることは、あまり知られていない。一〇人中九人の政治家が市民に疑念の眼差しを向けていることを実証した、ペーター・カンネの研究を思い出してほしい。市民の思考はしょせん政治家とは異なると政治家集団が考えているとすれば、政治家が市民参加にはなから懐疑的であるのも、なんら驚くに値しない。

メディアも同様に疑念を抱いている。抽選された市民による熟議のプロセスは、参加者本人にとっては強烈な体験であることも多いが、現代の報道の形式にはうまく収まらない。熟議はゆっくりと進行し、議論を引っ張る人も顔の知れた人もいない。激しい対立とも無縁である。市民はポストイットやフェルトペンを片手に、円卓テーブルで話し合っている。視聴者にとっては、いかにもつまらない光景である。議会制民主主義は劇場型であり、ワクワクするテレビ番組になることもあるが、熟議民主主義はドラマ性に乏しく、物語に仕立てるのは至難の業である。かつてチャンネル4が「市民議会」(The People's Parliament)というシリーズ番組を放映したことがある。ジェイムズ・フィシュキンがアドバイザーを務め、抽選された数百人の市民が少年犯罪やストライキ権といった論争的なテーマをめぐって討論を重ねたが、放送局は数回放映しただけで打ち切ってしまった。普通の人々の心を「つかまなかった」のである。[106] このエピソードも、メディアが負う制約を裏付けている。

*

アイスランドでは、カナダやオランダの実験がたどった不幸な結末が考慮された。市民パネルの成果がレファレンダムの機会を与えられないままゴミ箱に投げ捨てられないよう、三つの抜本的な修正が加えられた。第一に、作業に携わったのは、抽選された一〇〇人から一六〇人の市民ではなく、選挙されたわずか二五人の市民だった！　候補者になるには三〇人の署名を集めなければならなかったが、総勢五二二人が名乗りをあげた。そこから二五人のチームを選挙で選出するために、それ以外の市民が投票所に足を運んだ（その後、政党間で一悶着あり、投票は無効であるとされ、選挙された二五人を議会が改めて任命し直した。しかしこれは瑣末な問題である。その根本にあった考え方は、憲法討議会は選挙されなければならない、ということである）。第二に、そうした小集団の活動が市民や政治家に正統性を認められないという事態は、なんとしても回避したかった。そこで、一〇〇〇人の市民が新憲法の原理や価値についてあらかじめ熟議することや、七人の政治家が七〇〇ページの事前勧告書を作成することが認められた。後の批判から守らなければならなかったのである。第三に、二五人のチームが密室にこもって数カ月間審議し、完成した憲法改正案を公表するという方法はあえてとらないことにした。憲法討議会は毎週、憲法条文の暫定版をウェブサイトにアップした。フェイスブックやツイッターといったメディアで意見を募集し、改訂版を作成する。そしてそれをオンラインで公表し、さらに意見を募るのである。このプロセスを充実させたのは、約四〇〇〇件にのぼるコメントだった。そこでのモットーは、透明性と熟議である。『インターナショナル・ヘラルド・トリビューン』は、クラウドソーシングによって誕生した世界初の憲法だとしている。

その結果、二〇一二年一〇月二〇日、憲法改正案がレファレンダムにかけられ、アイスランド国民の三分の二が賛成票を投じた。また、憲法討議会が審議していた頃、アイスランド島で見つかった新たな天然資源を国の所有物にすべきか否かという別の問題も浮上したが、レファレンダムでは八三パーセントもの人々がイエスと答えたのである。[107]

議会での承認を数年間待たされているとはいえ、アイスランドの冒険は、これまでの熟議民主主義の事例のなかでも強い印象を与えた。その成功の秘訣は、すべての工程で公開性が高かったことなのであろうか。それとも、単に抽選制ではなく選挙制を選択したことなのであろうか。断定するのは難しいが、選挙のおかげで優れた人々が先頭に立ったことは疑いない。このことは、効率性という点では優れている。四カ月間で新憲法を起草したからである。だが、正統性という点ではそこまでもない。二五人の憲法討議会は、七人の役員（大学、美術館、労働組合）、五人の教授・教諭、四人のマスコミ関係者、四人の芸術家、二人の法律家、そして一人の聖職者などで占められていた。これで多様性を確保したといえるのであろうか。歌手のビョークの父親は有名な労働組合活動家だったが、その彼でさえなんとか議席を獲得した。農民は、わずか一人しかいなかった(108)。こうしたパネル編制は、その選出方法を考えれば、アイスランド人全体の熟議とはおそらく乖離していたであろう。一方、透明性は熟議のプロセスを白日の下にさらし、強い印象を与えた。透明性に関しては、市民パネルの編制以上に、憲法改正案を圧倒的多数で承認するのに貢献したであろう。それゆえ、問われなければならないのは、次の点である。全員が抽選で選出された市民チームがより多くの時間をかけて同様の透明性の下で熟議を行なったとしたら、レファレンダムで同じくらい多くの賛成票を得る憲法改正案を起草できていたのであろうか、と。

この問いはすぐ後に、アイルランドで俎上に載せられた。二〇一三年一月に始まった憲法会議は、第一期の民主主義の実験から教訓を得た。その結論は、（アイスランドと同じく）政治家も大いに関与すべきだが、（アイスランドとは異なり）市民は抽選で選出されるべきだ、というものである。アイルランド人も、政治家が初めから関与すれば成功や実現の見込みは高まると考えた。この点、アイスランド人よりもはるかに先進的だった。アイルランドでは、事前勧告書を起草する一握りの政治家はいなかった。そうではなく、政治家と市民がすべての工程で協働する方針が採用されたのである。アイルランド共和国と北アイルランドから六六人の市民と三三人の政治家が集まり（ジェリー・アダムズ〔シン・フェイン党党首〕のような人物も名前を連ねていた）、一年間にわたって熟議を重ねたのである。市民参加のプロセスで有名な政党政治家——弁も立つし実務にも明るい——に再び発言権を与えたことは、奇異にみえるかもしれない。しかしこの選択により、決定は速やかに採用されやすくなった。そして、市民参加にたいする政治家の冷やかな眼差しは和らぎ、それ以降、政党政治家の冷笑を回避できたのである。

熟議するうちに注目すべき事態が生じた。政治家が市民にたいする不信感を払拭するとともに、市民も政治家にたいする不信感を払拭した。市民参加は、双方の信頼関係を強めることができたのである。だが、政治家が優位に立つ危険はないのであろうか。アイルランド・モデルの分析を俟たなければならないが、一連のプロセスを巧みに組織すれば、一部の参加者の影響力が強くなる事態は、たとえば小集団の設置や意思決定の分散のような内部の抑制と均衡によって未然に防ぐことができるであろう。

それに加えて、アイルランド人は断固として抽選制を選択した。アイルランドの憲法会議は「我々市民」（We the Citizens）というユニバーシティ・カレッジ・ダブリンのプロジェクトをベースにしていた。抽選された市民を中心とし、成功を収めたプロジェクトであった。憲法会議では、独立した事務局が年齢、性別、出身地（アイルランド共和国か北アイルランドか）を考慮して、六六人から成る集団を無作為抽出した。こうして生まれた多様性は、デリケートなテーマについて話し合うのに好都合だった。たとえば、現行憲法の下で同性婚を認めるべきか否か、〔人工妊娠中絶という〕女性の権利を認めるべきか否か、神への冒瀆を禁止すべきか否か、といったテーマである。彼らだけで話し合ったわけではない。アイルランドでも、参加者は専門家の話に耳を傾けるとともに、外部の市民からのコメントを受け付けたのである（同姓婚に関する投稿は、一〇〇〇件以上に達した）。

ところで、憲法会議の決定は、それだけでは法的効力を持たなかった。その勧告は、まずアイルランド議会の上下両院に、次いでアイルランド政府に、最後にレファレンダムに諮られなければならなかった。越えるべきハードルが幾つも設けられていた。市民フォーラムの第二期になっても、抽選制は巨大なうず潮を引き起こすのではないか、との懸念を払拭できなかったからである。

しかし二〇一五年五月二二日、アイルランドの住民はレファレンダムを実施し、同性婚を可能にする憲法改正に同意した。賛成票は、六二パーセントにも達した。憲法会議は二〇一三年、七九パーセントの賛成多数で、同性婚に関連する憲法条項を改正するよう勧告していたが、このレファレンダムはそれを受けて実施されたものであった。熟議民主主義が実際にこれほどの成果をあげた例を知らない。近代世界で初めて、抽選された市民の熟議が憲法改正を成し遂げたのである。[109]

比較してみよう。「カトリックの」アイルランドは、市民参加のおかげもあり、同性婚が比較的すんなりと認められた。一方、「リベラルな」フランスはその頃、まったく同じテーマをめぐって一年間にわたる激しい政治的混乱の直中にあった。三〇万人以上が参加したデモ隊がパリの街頭を行進したが、市民には発言権が与えられなかったのである。

第三節　民主主義の刷新の将来――抽選制議会

これまでカナダ、オランダ、アイスランド、アイルランドの事例を概観してきた。民主主義を刷新する実に魅力的な実験だったからである。いずれも大規模に実施され、しかも極めて重要なテーマを扱っていたが、外国の主要メディアはほとんど報道しなかった。その結果、数多くの知見や経験が外国の人々には必ずしも知られてはいない。だが、そうした遅れも、一歩先んじて考える人々を阻めはしない。民主主義は、様々なスピードで前進する。政治家は乗り気ではなく、メディアは懐疑的であり、市民は知識に乏しい。だが、研究者や活動家はすでに次の地平を見据えて、猛スピードで前に進んでいる。彼らの使命は、ベルギーの哲学者フィリップ・ヴァン・パレイスが最近述べたように「いちはやく真実を見抜く」ことである[110]。ジョン・ステュアート・ミルが女性の選挙権を擁護した一九世紀中葉には、同時代の人々は、ミルは馬鹿げていると断じたのである。

近年、冷笑されたり同情されたりすると知りつつも、多くの論者が抽選制を民主主義のなかに制度的・憲法的に定着させようと提案してきた。抽選制は単発のプロジェクトにとどまるべきではない。抽選で選出された市民は国家機関の一角を占めならなければならない、というのである。その際、どのように制度化すべきかが論点になる。ほとんどの思想家は、立法機関の一院を抽選制で編制することを提案した。そうした案は二〇を超える。[11] いずれも、無作為抽出で編制された議会は民主主義の正統性や効率性を高めるはずだと考えている。なぜ正統性を高めるかと言えば、それが政治的機会の平等な分配という理念を取り戻すからである。なぜ効率性を高めるかと言えば、抽選で選出された新しい国民代表が政党政治の口論、選挙ゲーム、メディア上の論争、議会内の押し問答に巻き込まれないで済むからである。彼らは、公共の利益のために専念することができるであろう。重要な提案は多々あるが、ここでは五つを採りあげたい[112](図表5)。

＊

一九八五年、アメリカのアーネスト・カレンバックとマイケル・フィリップスは、代議院(House of Representatives)を代表院(Representative House)に改組するよう提案した。四三五人の国民代表は、もはや選挙ではなく抽選で選出されるべきだというのである。彼らは、しかし、夢想家ではなかった。すでにアーネスト・カレンバックは、ミリオンセラーになった『エコトピア』で名声を博していた。彼の刺激的な洞察の多くは、人々の共有財産になっている。他方、マイケル・フィリップス

イギリス	フランス	EU
庶民院 House of Commons	第三院 Troisième Assemblée	抽選院 House of Lots
現在の庶民院に取って代わる。	元老院，国民議会と並び立つ。	欧州議会と並び立つ。
		200人
年齢・判断力・学歴要件を満たした者のなかから抽選で選出する。	立候補した者のなかから抽選で選出する。	加盟国に比例して，全EU市民のなかから抽選で選出する。参加は義務である。
1～10年		2年半（再任不可）
十分な報酬を支給する。	少なくとも国民議会議員や元老院議員以上の報酬を支給する。研修費や事務費も支給する。	報酬も組織も極めて魅力的なものとする。
法案を評価するのみ。	長期的課題（環境問題・社会問題・選挙制度・憲法）	・法案を提出する。 ・勧告する。 ・拒否権を行使する。
Sutherland 2008	Sintomer 2011	Buchstein 2009
Sutherland 2011		Buchstein & Hein 2010

図表 5　抽選制議院の諸提案

国	アメリカ	イギリス
名称	代表院 Representative House	同輩院 House of Peers
地位	代議院に取って代わる。	貴族院に取って代わる。
定数	435 人	600 人
編制	既存の陪審員候補者名簿のなかから匿名で抽選する。	1）有権者名簿のなかから抽選し，2）自薦した後，3）クオータ（性別・地域）ごとに抽選で選出する。また，若干の政治家も加わる。
任期	3 年（一部改選制）	1 〜 4 年
報酬	十分な報酬を支給する。	少なくとも現在の議員以上の報酬を支給する。雇用者にも十分な補償をする。
権限	・法案を発議する。 ・上院が可決した法案を評価する。	庶民院が可決した法案を，明晰性・有効性・合憲性という基準に基づいて評価するのみ。
著者	Callenbach & Phillips 1985	Barrnett & Carty 1998
関連文献	Burnheim 1985; Leib 2005; O'Leary 2006	Barnett & Carty 2008; Zakaras 2010

は、『お金に関する七つの法則』や『正直なビジネス』といった著書を刊行した銀行家である。一九六〇年代にマスターカードを考案した人物でもある。

彼らの眼には、現代の単純選挙制では国民を代表できず、また腐敗をもたらしやすいように映った。莫大なマネーが猛威を振るっているが、抽選制はそれを是正することができるであろう。三年任期の議員を務める市民は、既存の陪審員候補者名簿から無作為抽出される（アメリカでは有権者名簿よりも陪審員候補者名簿のほうが多くの市民を登載しているからである）。そして、任務に見合った議員報酬も支払われる。そうすれば、貧しい人々は参加したくなり、豊かな人々は仕事を中断し、多忙な人々は時間的余裕を作れるに違いない。下院の継続性を保つために、下院全体を同日に解散するのではなく、毎年、三分の一ずつを入れ替える。そして下院の権限は、現行の権限から逸脱してはならない。すなわち、上院に法案を送るとともに、上院から送られてきた法案を審議するのである。

ここで目を引くのは、カレンバックやフィリップスが選挙制の全廃を求めなかったことである。彼らの考えでは、上院は選挙された市民だけにし、下院は抽選された市民だけにするのが賢明である。代表は、選挙制と偶然制の両方で選出されなければならない。「直接代表という考えは荒唐無稽ではないように思われる。理解が広まれば、かつての選挙権拡大と同じように公平かつ公正なものになり、効果的かつ魅力的なものになるであろう[113]」。

その後、様々な論者が彼らの提案に磨きをかけて、イギリスでも提唱されるようになった。アンソニー・バーネットとピーター・カーティは、貴族院は今なお世襲議員のいる西洋で唯一の上院であり、遠からず民主化されなければならないと主張する。バーネットは、openDemocracyというウェブサイトの開設者であり、『ガーディアン』に定期的に寄稿している。カーティも『ガーディアン』『インディペンデント』『インディペンデント・オン・サンデー』『フィナンシャル・タイムズ』といった数多くの高級紙で健筆をふるっている。アメリカの同志とは異なり、バーネットらは下院ではなく上院を抽選制で編制しようとした。彼らにとって問題だったのは下院ではなく上院である。バーネットらは、抽選制議院に法案提出権を与えることは考えていない。抽選制議院は、庶民院の立法を監視すれば事足りる。この新しい抽選制の貴族院――彼らは同輩院（House of Peers）と命名した――は、法案が明晰か否か、有効か否か、合憲か否かをチェックするものとする。[114] むろんバーネットらも、これが急進的な改革案であることは重々承知している。だが、民主主義はいまや先見の明を必要としているという。「よく言われることだが、いかなる重要な思想も三つの段階をたどる。まず黙殺され、次に嘲笑され、最後に常識になる[115]」。

キース・サザーランドは〔イギリスの〕エクセター大学の研究者であり、保守主義者を自任している。彼は、バーネットとカーティの提案とは正反対にすべきだと主張する。貴族院は現状のままとし、庶民院を抽選制議院へと改造する。議会は、まさにアメリカ人が提案したようなものでなければならない。彼も、抽選された市民に十分な報酬を支払うことが重要だとするとともに、イギリス人の同志に倣い、抽選制議院には法案提出権を与えないよう提案している。また、年齢、学歴、能力に関して最低条件を課さなければならないかどうかも自問し、いかにも保守主義者らしく、四〇歳以上の者しか抽選の対象にすべきではないと提案している。彼によれば、若い世代のニーズは、マスメディア、政党政治、市場調査によって、すでに十分に考慮されているというのである。これらの点についてどのように考えるにせよ、結論は明快である。「民主主義を自任する政体である以上、抽選制は不可欠の要素である[116]」。

フランスでは、政治学者のイヴ・サントメールが国民議会や元老院を抽選制にするのではなく、現行の二院制を新しい議院で拡充することを提案した。この「第三院」は、立候補した者のなかから抽選で選出される。彼も、それなりの報酬を支払い、十分な情報を提供することが重要だと指摘する。抽選で選出された国民代表も、選挙で選出された代議士と同じように、スタッフの補佐を受けられなければならない。彼は、各議院がいかなる権限を持つべきかについては何も語っていないが、第三院はエコロジー、社会問題、選挙制度、憲法のように長期計画を要するテーマに取り組むよう提案している。いずれも、現行モデルではまず取りあげられることのないテーマである[117]。

ドイツのフベルトゥス・ブーフシュタイン教授は、国レベルではなく超国家レベルで、もう一つの議院を設置するよう求めている。彼は、欧州議会には、抽選された市民で構成された第二院がなければならないとし、それを「抽選院」(House of Lots) と名付けた。彼によれば、EU市民の成人全体のなかから、二〇〇人の参加者を抽選する。議席は加盟国に比例的に配分され、任期は二年半とする。やむをえない場合を除き、参加はEU市民の義務である。市民が参加できないことがないように、財政的・組織的諸条件を整えなければならない。ただし、イギリスの論者とは異なり、抽選制の欧州議会に法案提出権や勧告権、それどころか拒否権を与えなければならないとする。これは壮大な構想であるが、ブーフシュタインの考えでは、ヨーロッパが直面する〈民主主義の不足〉に立ち向かうためには「熟議型意思決定」が欠かせない[118]。熟議型意思決定がなければ、EUが効率的・透明的な意思決定をすることなど期待できないというのである。

これら様々な提案を列挙したとき、何が目を引くだろうか。第一に、いずれの案も、フランス、イギリス、アメリカ、EUといった大規模な国家や地域に関わっている。抽選制が都市国家やミニ国家にしかそぐわないとされた時代は過ぎ去っている。第二に、かなりの見解の相違があるにもかかわらず、任期(数年間がベスト)や報酬(高い報酬がベスト)についてはコンセンサスが見られる。第三に、すでに議会でなされているように、能力の個人差は、教育や専門家の支援によって克服されなければならないとされる。第四に、抽選制議院は選挙制議院から分離しているとは見なされておらず、選挙制議院を補完するものと見なされている。第五に、抽選制が検討されているのは立法機関の一院だけである。

第四節　抽選制に基づいた民主主義の青写真

二〇一三年春、学術雑誌『公共熟議ジャーナル』(*Journal of Public Deliberation*)は、アメリカ人研究者テリル・ブリシウスの大変興味深い論文を掲載した。ブリシウスは、二〇年にわたってバーモント州で政治家をしていた。その彼が、従来の諸提案がどれくらい実現可能なのかを探究したのである。選挙制議院を抽選制議院にすれば、支持や活力という点で、民主主義に新しい刺激をもたらすことができるのか。この問いは実に的確だった。理想に燃えて、ＥＵ全体を代表する抽選制の欧州議会を主張したとしよう。だが、リトアニアの田舎でパン屋を営む女性たちのうち、ストラスブールにある抽選院のイスに座るために数年間も店を閉める人がどれだけいるのであろうか。マルタで暮らす若きエンジニアのうち、抽選で選出されたからといって、うまくいきそうな建設プロジェクトから三年間も離れる人がどれだけいるのであろうか。イギリス中部の失業者のうち、見知らぬ人々と一緒に数年間も法案の条文をこねくりまわすために、パブや仲間から離れる人がどれだけいるのであろうか。そもそも、いくらやる気があったとしても、うまくやれるのであろうか。抽選制議会は正統的ではあるかもしれないが（よりよく代表するから）、効率的に職務を遂行できるのであろうか。あるいは、抽選で選出された人のほとんどが参加する必要などないと考えて、国民代表はまたしても高学歴の男性の役目になってしまうのであろうか。議会を抽選制にして民主主義を強化すると言えば聞こえはよい。だが、無数の困難に直面せざるをえない。すべての人が発言できるようにしたいのに、新たなエリート主義に陥らないともかぎらない。どうすれば、理想と現実との折り合いをつけられるのであろうか。これこそが、ブリシウスが取り組んだ問いにほかならない。

　ブリシウスはアテナイの民主主義に立ち返り、それがどのように運用されていたかを研究し、現代社会に適用したらどうなるのかを探究した。アテナイの民主主義の特徴は、抽選制が一機関ではなく工程全体で使われていたことである。その目的は、抑制と均衡の仕組みを実現することであった。ある抽選制部門は、別の抽選制部門に目を光らせた。「五百人評議会は議題を決定し、民会のために法案を準備するが、採決することはできない。民会が可決した法律は、民衆裁判所が破棄する可能性がある。ただし民衆裁判所は、法律をみずから制定することはできない」。このように、意思決定過程は様々な機関に分散していた（図表2Bを参照）。煩雑にみえるが、大いなる長所があった。

> アテナイの権力は、抽選で選出される諸機関と、誰もが参加できる民会に分かれており、現代の選挙制議会にはない三つの重要な目的を実現していた。第一に、立法部門が市民を比較的よく代表すること。第二に、政治権力の腐敗や過度な集中に耐え抜くこと。第三に、共に参加し

共に決定する機会を市民に開くことである。[119]

幾つかの抽選制部門——ブリシウスの用語では「多体抽選制」(multi-body sortition)——で職務を遂行すれば、正統性や効率性の向上につながるであろう。

それでは、今日どのように機能させることができるのであろうか。図表6は、ブリシウスのモデルを体系的に提示しようとしたものである。彼の論文に依拠しているが、ブリシウスと彼の共同研究者であるデイヴィッド・シェクターの過去の研究や、彼らとの電子メールでのやり取りで補完している。

ブリシウスによれば、実のところ、我々は六種類の異なる立法機関を必要としている。なぜそれほど多くの機関が必要なのであろうか。相反する利益のあいだで折り合いをつける必要があるからである。民主主義の刷新という分野の専門家として、彼は難しい課題が多々あることを重々承知していた。抽選制によって一つの大規模な代議機関を設置したいと思っても、相対的に小規模な集団のほうが職務を遂行しやすいこと。参加を促進するために、参加者を速やかに入れ替えたいと思っても、任期が長いほうが日々の実務がうまくまわること。参加したい人すべてに参加してほしいと思っても、高学歴で発言力のある市民が過大に代表されてしまうこと。市民同士で熟議してほしいと思っても、集団的思考がその場を支配し、拙速な合意に至る傾向があること。抽選制部門にできるだけ権限を与えたいと思っても、一部の人が集団のなかで幅を利かせ、強引な結論が出ること。これらのことに気づくであろう。

この五つのジレンマは、新しいタイプの熟議に携わったことのある人なら、誰でも気づいていることである。それぞれのジレンマは、理想的な集団規模、理想的な任期、理想的な選出方法、理想的な熟議方法、理想的な集団力学に関連している。だが、ブリシウスによれば、理想状態はこの世にはなく、その追求は断念するしかない。むしろ、複数の機関で構成されたモデルを構想したほうが、はるかにマシである。そうすれば、様々な機関の強みを活かしあい、逆に弱みを補いあえるであろう。

すべての権限をたった一つの抽選制部門に与えるのではなく、立法作業を何段階かに分割したほうがうまくいくであろう。

第一段階では、議題を設定しなければならない。ブリシウスの構想では、議題評議会（Agenda Council）でなされる。同評議会は大規模な機関であり、参加者は、手を挙げた人々のなかから抽選で選出される（それゆえ、アテナイの民衆裁判所に似ていなくもない）。議題評議会は議題を設定するが、それ以上のことはしない。そもそも、そうした権限を持たない。議題評議会に所属していないが、特定のテーマに注意を喚起したい市民は、請願権を行使することができる。一定数以上の署名を集めれば、議題として検討される。

政策陪審員　法案を採決する。公開提案の後に秘密投票をする。

規模：400 人。総会のみ。
編制：全成人のなかから抽選で選出される。参加は義務。
開会：ある法案を採決しなければならないとき。
任期：1 日ないし数日
報酬：日当と交通費等

規則評議会　立法作業の規則や手続きを制定する。

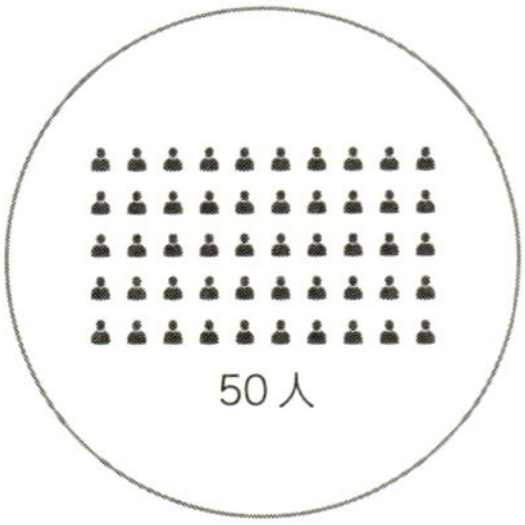

規模：約 50 人
編制：志願者のなかから抽選で選出される（なるべく過去に参加したことのある者）。
開会：常時（少なくとも最初は）
入替：3 年（毎年 1/3 改選）　再任不可
報酬：給与

監視評議会　立法過程を統制し，苦情を処理する。

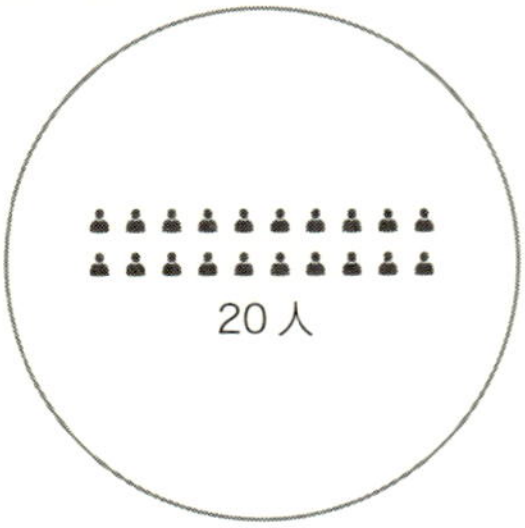

規模：約 20 人
編制：志願者のなかから抽選で選出される。
開会：常時
入替：3 年（毎年 1/3 改選）　再任不可
報酬：給与

図表6　多体抽選制：抽選制に基づいた民主主義の青写真（数字は仮）

議題評議会　議題を設定し，立法のテーマを選択する。

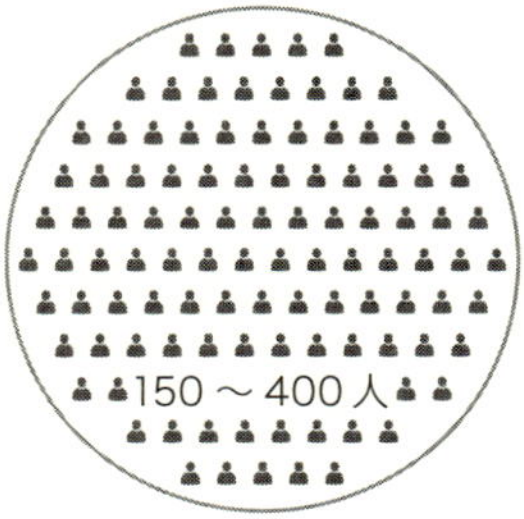

規模：150～400人。なるべく部会制。
編制：志願者のなかから抽選で選出される。
開会：常時
入替：3年（毎年1/3改選）　再任不可
報酬：給与

利害関心パネル　特定の立法を提案する。

規模：各パネルとも12人。パネル数は無制限。
編制：志願者
開会：各パネルが希望するだけ。
任期：パネルは期限内に終了する。
報酬：無

審査パネル　利害関心パネルと専門家のインプットに基づいて法案を作成する。

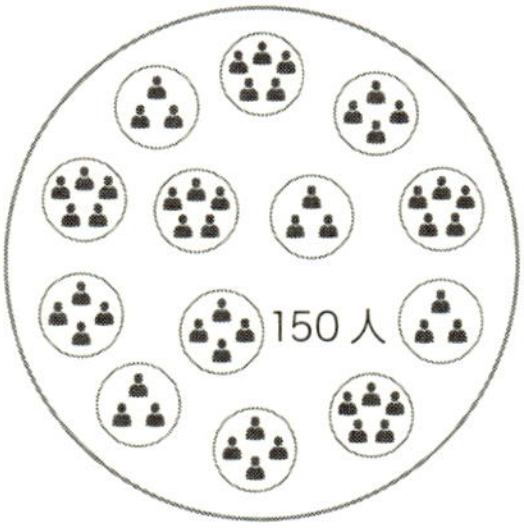

規模：150人。別々のパネルに所属。各パネルは1つの政策領域を分掌。パネルは選択制ではなく任命制。
編制：志願者のなかから抽選で選出される。
開会：常時
入替：3年（毎年1/3改選）　再任不可
報酬：給与と支援

第二段階では、様々な利害関心パネル（Interest Panels）が活動を開始する。若干のパネルしか設置されないこともあるし、一〇〇近くのパネルが設置されることもある。利害関心パネルは一二人の市民で編制されており、各パネルは法案（ないし法案の一部）を提案することができる。一二人は、抽選で選出されるわけでも、選挙で選出されるわけでもない。あるテーマについて一緒に考えるために自発的に手を挙げるのである。そうしたパネルは、顔見知りでもないし共通の利益を追求しているわけでもない一二人の市民によって構成される可能性もある。圧力団体に占められる可能性もある。だが、差し支えない。彼らも決定権を持ってはおらず、その提案が他の人々に評価されることを考慮に入れなければならないからである。経験を積んだ専門家が利害関心パネルに携われば、その専門的知見を具体的な政策立案に活かせるであろう。このことは、効率性という点では望ましい。交通安全が議題に上っていると想定してほしい。そこでは、住民団体、自転車連合会、バス運転手、運輸業界関係者、交通事故で子どもを失った親、自動車連合会などが関与するであろう。

第三段階では、すべての提案が審査パネル（Review Panel）に送付される。政策領域ごとに一つのパネルが設置されており、たとえば交通安全に関する提案は、交通に携わる審査パネルに送付される。審査パネルを議会の委員会と比較してみるとよい。パネルには法案提出権も採決権もない。（アテナイの五百人評議会のように）その中間に位置する作業に携わるにすぎない。利害関心パネルから受け取った提案に基づいて、ヒアリングを実施し、専門家に質問し、条文を起草するのである。ブリシウスの提案では、各審査パネルは一五〇人のメンバーを擁する。立候補した市民のなかから抽選で選出され、重大な責任を伴った職務に携わる。任期は三年、常勤職であり、議員報酬に見劣りしない正当な報酬を得る。構成員は年末に一斉に入れ替わるのではなく、毎年五〇人ずつが入れ替わる。

権限が審査パネルに集中するのを防ぐために、第四の、極めて重要な機関が存在する。法案は、審査パネルから政策陪審員（Policy Jury）に提出される。政策陪審員は、ブリシウスの計画のなかでも最もユニークな機関である。常勤の陪審員はおらず、ある法案の採決をしなければならない場合、その日の審議のために四〇〇人の市民が抽選で選出されるからである。数日間、最長でも一週間続くこともないわけではないが、極めて例外的である。ここで重要なのは、政策陪審員がすべての成人市民のなかから抽選で選出されることである（それゆえ、立候補した人に限られるわけではない。その意味では、裁判における陪審員に近い）。抽選で選出された者は、正当な理由がないかぎり、出頭しなければならない。このことは、代表性を確保するためには重要である。そのため参加者は、出席に見合った十分な報酬を受け取る。政策陪審員は、審査パネルが起草した様々な法案に目を通し、賛成意見と反対意見に関する簡潔な説明に耳を傾け、最後に無記名で投票する。もはや議論することもないし、党議拘束に縛られることもない。集団の圧力にさらされることもないし、戦術投票をすることもない。政治的駆け引きもないし、機嫌を取る必要もない。すべての政策陪審員は、名誉にかけて、また良心に従って、長期的な公共の利益に最適であると信ずるものに投票する。おそろしく弁の立つ者が投票に影響を与えないように、中立的な職員が法案を説明する。社会全体の縮図であるがゆえに、政策陪審員の決定は法的拘束力を持つのである。

テリル・ブリシウスは万全を期して、さらに二つの機関を提案している。一つは規則評議会（Rules Council）であり、もう一つは監視評議会（Oversight Council）である。またしても抽選で選出される部門である。前者は、抽選・ヒアリング・採決手続きの制定に従事する。後者は、公務員が適正な手続きに従っているかどうかを監視し、苦情が寄せられればそれに対応する。それゆえ、これら二つの評議会はどちらかといえばメタ政治的な機能を果たしており、ゲームのルールの制定者であり擁護者である。規則評議会は、すでに抽選制部門で働いたことのある者のなかから選出される。一連の手続きに通じているからである。

ブリシウスのモデルがとりわけ魅力的なのは、進化すると想定されているからである。すべてがあらかじめ固定されているわけではない。「決定的な点は、すべてが初期設計でしかないことです。……規則評議会が望ましいと見なす方向に進化していくでしょう」と、ブリシウスは私宛ての電子メールに記している。

なんとしてでも死守したいのは、規則評議会がみずからの権限を拡大できないようにする、というルールだけです。規則評議会に関する新しいルールは構成員が全員入れ替わった後にしか発効しない、ということを基本ルールにしなければならないでしょう。(120)

このように彼は、すべてをあらかじめ詳細に定めるのではなく、「自己学習」システムを構想している。この青写真でユニークなのは、効率性と正統性のバランスという民主主義の永遠の課題が、抽選制のみに基づいた仕組みのなかに具体化されている点である。市民が六つの機関のうち五つで自発的に手を挙げることができれば、活力が生まれるに違いない（利害関心パネルに参加するのには、抽選で選出される必要すらない。参加したい人は誰でも参加できるからである）。一方、意思決定における最終的な判断や決定が、代表性・無作為抽出性を備えた政策陪審員にあることは、正統性にとって欠かせない。端的に言えば、貢献したいと思う者は熟議に加わることができるが、最終的に決定するのはその社会にほかならない。

支持と活力のバランスを保つことは、一八世紀には不可能だと思われていた。アメリカやフランスの革命家は、国家に関わる事柄は極めて重大であり、人民に任せることなどできないと考えていた。そして選挙貴族政を選択し、正統性よりも効率性を優先させたのである。今日、我々はそのツケを払っている。人民は不満を口にし、選挙型代議制の正統性にたいする疑念が沸々とわき起こっている。

ブリシウスの提案は、とりわけインスピレーションを与えるものである。どうすればまったく別種の民主主義を設計できるかを、実に刺激的に示している。古代アテナイからヒントを得てはいるが、その手続きを無批判に受容しているわけではない。熟議民主主義に関する最新の研究成果や抽選制の実験を踏まえており、具体化の際に陥りやすい落とし穴を知り尽くしている。そうした落とし穴を回避し権力集中に抗するために、抑制と均衡という仕組みを設計したのである。とりわけ、その政治は市民へと回帰しており、統治者と被治者というエリート主義的な区別は完全に消滅している。交互に統治するというアリストテレス的理念へと立ち返ったのである。

＊

それでは、どうすべきなのであろうか。すでに見事な歴史研究がなされているし、政治哲学者は輝かしい著作を刊行している。我々を鼓舞する実践例も枚挙にいとまがない。洗練されたプランも幾つか提案されており、ブリシウスのものはとりわけ有望である。それでは、次の段階は何なのであろうか。

ブリシウスのモデルは進化するとされるが、導入しなければ、そもそも進化のしようがない。どのように現行の仕組みから彼の提案する仕組みへと移行すべきかは、曖昧なままである。ブリシウスは、共同研究者のデイヴィッド・シェクターと執筆した旧稿において、彼のモデルは「様々な仕方で」適用可能である、といみじくも述べている。

1　一つの法律を制定するため（ブリティッシュコロンビア州の市民討議会のように）。
2　特定の政策領域に関するすべての法律を制定するため（たとえば、甲論乙駁であるため、政治家が市民に判断を一任したい領域や、任期、報酬、選挙制度に関して議員の利害が対立している場合など）。
3　イニシアティブやレファレンダムの熟議の質を向上させるため。
4　二院制の一院を抽選制議院にするため。
5　選挙制議会に取って代わり、すべての立法を司るため。(121)

ブリシウスのモデルは、このように五つの仕方で適用できるであろう。だが、それらを歴史的変化の五段階――最初は躊躇しつつ始まり、最後は熱烈に迎えられる――と見なすことはできないだろうか。実のところ、そうしたプロセスはすでに始まっているように思われる。第一段階はすでにカナダで起こり、第二段階はアイルランドで順調に進行している。第三段階は、最も長い歴史を有する。言うまでもなく、第四段階や第五段階は大きな課題であり、依然として手にしてはいない。ブリシウスのプランを全面的に適用する（第五段階）のは、おそらく時期尚早であろう。革命の脅威にでもさらされないかぎり、政党は多体抽選制を実現するためにすんなりと解散しようとはしないであろう。だが、第四段階の機は熟している。

第五節　二重代議制の暫定的提案

民主主義は粘土のようなものであり、時代ごとに形を変える。その具体的な形は歴史的状況に応じて絶えず作り直される。熟議を重視する国家では、利用可能な伝達手段に極めて敏感になる。それゆえ、古代アテナイの民主主義は、話し言葉の文化によって形作られた。一九世紀と二〇世紀の選挙型代議制民主主義は、印刷文字の時代に花開いた（新聞やラジオ、テレビ、初期のインターネットのような一方通行のメディアである）。しかし我々は、絶え間ない相互作用の時代に生きている。超高速型・脱中心型の情報伝達は、新しい発言力を生みだした。そうした時代にふさわしいのは、いかなる民主主義なのであろうか[122]。

政府は、観客席から叫んでいる発言力のある市民たちと、どのように付き合うべきなのであろうか。第一に、疑いの眼ではなく喜びの心をもって付き合うこと。インターネット上であろうとなかろうと、すべての怒りには積極的なもの、すなわち参加が隠れているからである。有刺鉄線を張り巡らせた贈り物のようなものである。それを無視することなど、もってのほかである。第二に、市民に任せる術を身につけること。なんでもかんでも市民に取って代わろうとすべきではない。市民は子供でもないし、顧客でもない。二〇〇〇年代初頭、両者の関係はこれまでにないほど水平的になっている。

医者は、インターネットで自分の病状を検索する患者と付き合う術を身につけざるをえなかった。当初こそ厄介にみえたが、今ではそれが治癒の切り札であることが明らかになっている。エンパワーメントは治癒を後押ししうるからである。政治も同じである。権力は変化している。かつては、権力を持てば発言することができた。しかし今日では、まさに発言することによって権力を獲得するのである。リーダーシップは国民の代表として難問に取り組むことではなく、国民とともに歩むことを意味するようになった。発言力のある市民をただの投票者として扱えば、市民はそのように振る舞うであろう。だが、大人として扱えば、市民はそのように振る舞うであろう。政府と市民の繋がりはもはや親子の関係ではなく、大人同士の関係である。政治家は有刺鉄線を越え、市民を信頼し、その思いを真剣に受けとめ、彼らの経験を尊重すべきである。市民を招待せよ。市民に権力を与えよ。公正であるべく市民を抽選せよ！

抽選制によって新しい機会が与えられれば、民主主義が直面する深刻な体制危機を脱することができるであろう。抽選制の活用は、かつて選挙制がそうだったように、魔法のクスリでも完璧なレシピでもない。だが、現在の体制の数多くの欠陥を正すことができるであろう。抽選制は非合理的ではなく、脱合理的である。すなわち、中立性を狙った手続きであり、政治的機会は公平に分配され、仲たがいを免れるであろう。腐敗のリスクは低下し、選挙熱は下がり、公共の利益への関心が高まるであろう。抽選で選出された市民には、職業政治家のような専門知識はないかもしれない。だが、別のものがある。すなわち自由である。詰まるところ、当選する必要もなければ、再選する必要もないのである。

だからこそ、選挙で選出された市民だけでなく、抽選で選出された市民にも立法権を委ねることが、民主主義の現段階で重要なのである。司法では抽選の原理を信頼しているのに、なぜ立法では駄目だというのか。立法でも実現すれば、少しは落ち着きを取り戻すであろう。選挙で選出された市民（我が政治家）は商業メディアやソーシャルメディアに急きたてられはするが、その一方で、選挙熱や視聴率とは無縁な第二院からの援護射撃を期待できるであろう。第二院は、長期的な公共の利益を一貫して優先する議院であり、市民が文字通り話し合いに参加できる市民の議院である。彼らがその他の市民よりも優秀であるからではなく、置かれた状況ゆえにポテンシャルが引き出されるからである。

民主主義とは、我々の社会の特に優れた人々による統治なのではない。そんなものは、たとえ選挙で選出されたとしても貴族政である。選挙できたとしても、ためらうことなくそう呼ぼうではないか。これにたいして真の民主主義は、多様な声に発言を許すことで初めて花開くのである。最近、アメリカの哲学者アレックス・ゲレーロが述べたように、問題なのは平等な発言権であり、「政治的行為を決定する」平等な権利である。「ある政治的単位に住むすべての人は、その単位がいかなる政治的行為をするかを決定する平等な権力を持たなければならないであろう[123]」。要するに、問題は統治することと統治されることであり、人民を人民のために統治するだけでなく、ようやく人民によって統治することにもなったのである。

*

しかし、溝は依然として深い。「一般市民に、そんなことはできない！」「政治は一筋縄では行かない！」「無知な人々に権力を与えるのか！」「庶民が議席に座るのは許せない！」等々。ここで少し立ち止まり、選挙の洗礼を受けていない者は無能であるに違いないという、しばしば耳にする反抽選制論を検討しよう。なるほど、この批判にも前向きな点がないわけではない。多くの人が民主主義の質を大事にしていることを裏付けているからである。民主主義を刷新したとしても何の疑問も引き起こさないような国には気をつけよ。その国では懸念が荒波によって一掃されてしまい、アパシーが蔓延しているのだから。民主主義の将来を穏やかに話し合えないような国にも気をつけよ。その国ではヒステリーが蔓延しているのだから。

抽選制の理念は、多くの人にパニックを引き起こしている。このことは、二世紀にわたる選挙型代議制のせいで序列型思考が深く植えつけられてしまったことを示している。序列型思考とは、卓越した個人しか国事に携わることはできない、とする信念である。これにたいする反論を幾つか列挙してみよう。

・人々は現在、抽選で選出された市民に反対しているが、かつて農民、労働者、女性に選挙権を与えるのに反対した理由と同じであることが少なくない。その自覚が重要である。当時の反対派も、彼らに選挙権を与えれば民主主義は死に絶えてしまうと主張していた。

・たしかに、選挙で選出された国民代表は抽選で選出された国民代表に比べて、議会の実務には長けている。しかしどの人も、自分が生計を立てている分野の専門家である。高学歴の弁護士出身の議員が山ほどいても、そのほとんどがパンの値段すら知らないとすれば、その議会とはいったい何なのか。抽選制を採用すれば、立法府のなかに社会の縮図をよりよく作りだせるであろう。

・選挙で選出された議員が必ずしも有能であるとはかぎらない。もしそうだとしたら、秘書、政策担当秘書、調査部門を抱えているのは、なぜなのであろうか。また、大臣が急に別の省庁の大臣になれるのは、なぜなのであろうか。単に、専門知識を授ける常勤職員に囲まれているからなのではないだろうか。

・抽選で選出された国民代表は、社会から隔離されるわけではない。専門家を招いたり、オピニオンリーダーに頼ったり、市民に意見を求めたりしてもかまわない。加えて、準備期間も与えられるし、文書を作成する事務局も用意される。

・抽選で選出された市民は、政党活動、選挙運動、メディア出演にかかずらう必要がないため、選挙で選出された議員に比べて時間的な余裕を確保しやすい。すべての時間を立法活動に費やして、法案を精査したり、専門家に質問したり、同僚と熟議したりすることができる。

・誰でも、その能力と意欲に応じて貢献できる。負担の大きい公職を担当できると思う人は、議題評議会、審査パネル、規則評議会、監視評議会の抽選に手を挙げればよい。特定の立法に関して具体的なアイディアのある人は、利害関心パネルに迎え入れられる。それほど積極的でない人は、一日ないし数日しか拘束されない政策陪審員に呼び出されるまで待っていればよい。普段は政治に関心がなくても投票所に足を運ぶのと変わらない。

・裁判のために抽選された陪審員を見ればわかるように、ほとんどの人は、その任務に実に熱心に取り組む。抽選で選出された人々が傍若無人に振る舞うのではないか、と恐れるには及ばない。一二人の陪審員が同胞市民の有罪・無罪について名誉や良心に従って決定できることに同意するのであれば、その数倍の市民には、共同体の利益に責任をもって奉仕する意志も能力もあると信じてよいであろう。

・市民討議会の実験はいずれも、抽選で選出された参加者が献身的かつ建設的に行動したこと、提案の多くが練りあげられたものであることを示している。これは、欠点が一つもないことを意味しているのであろうか。もちろん、そうではない。しかし、選挙で選出された国民代表にも欠点があり、法律に不備が見つかることもある。

・我々は、ロビイスト、シンクタンク、様々な利益集団が関連分野で影響力を行使するのを是認している。だとすれば、なぜ我々は、最も関係の深い一般市民に発言権を与えることを躊躇しているのであろうか。

・しかも、抽選制議院は唯一の議院なのではない。民主主義の現段階では、選挙で選出された国民代表と抽選で選出された国民代表が協働しなければ、法律は成立しないであろう。愚民が権力の座に就くのであろうか。仮にそうなったとしても、絶対的主権者のように振る舞うことはできない。

ところで、グーグル・マップで何かを検索する場合、地形図を選択してもよいし航空写真を選択してもよい。前者では道順を調べやすいが、後者では景色を把握しやすい。民主主義の場合も、これとまったく同じである。国民代表は社会の地図であり、複雑な現実を単純に再現したものである。将来構想がその再現にかかっている以上（政治とは将来を構想することにほかならない）、地図の品揃えはできるだけ充実していなければならない。地形図と航空写真は相互に補完しあえる。いま目指すべきは二重代議制モデル（*bi-representatief model*）であり、投票で選出される国民代表と抽選で選出される国民代表である。投票と抽選はそれぞれの持ち味を有しており、職業政治家には専門知識があり、再選の必要のない市民には自由がある。このように、選挙制モデルと偶然制モデルは連携し合っているのである。

二重代議制は目下のところ、多くの国を悩ませている民主主義疲れ症候群にたいする最善の治療法である。統治者と被治者の役割を峻別しなくなれば、相互の不信感は弱まるであろう。抽選によって統治する側に回った市民は、政治的行為の複雑さを肌で感じるようになるであろう。抽選制は、民主主義にとって素晴らしい学校なのである。政治家の側も、とかく軽視しがちな市民の一面、すなわち合理的・建設的な意思決定の能力に気づくであろう。そして、市民が初めから関わっていれば速やかに成立する法律もある、という結論に達するであろう。市民の支持が拡大すれば、政治の活力も増大するであろう。二重代議制モデルは、要するに、統治者と被治者の関係療法なのである。

おそらく、こうした二層の仕組みは時を経て、完全抽選制（ブリシウスの第五段階）に席を譲らざるをえなくなるであろう。民主主義には、そもそも完成などありえない。しかし目下のところ、抽選制と選挙制の組み合わせが、処方可能な最良の薬である。それは詰まるところ、一枚岩の国民という危険な幻想に陥ることなく、ポピュリズムの長所（真の代表の希求）を活用する。また、専門家に最終決定権を委ねることなく、テクノクラシーの長所（選挙の洗礼を受けない専門家が持つ専門知識の評価）を組み込む。さらに、反議会主義に陥ることなく、直接民主主義の長所（参加者同士の熟議という水平文化）を活用する。最後に、古典的な代議制民主主義に付きまとう選挙制崇拝に陥ることなく、その長所（統治における委任の重要性）を再評価する。これらを組み合わせれば、正統性も効率性も向上するであろう。すなわち、被治者は統治をひとごととは考えなくなり、統治者は活力をもって統治に当たることができるようになるであろう。こうして二重代議制モデルは、民主主義を穏やかな航路へと導いてくれるであろう。

＊

こうした改革は、いつ始まるのか。今すぐに。どこでか。ヨーロッパで。なぜか。ＥＵには強みがあるから。どのような強みなのか。民主主義の基礎を刷新する勇気のある加盟国に雨除けを提供することである。

統治機構改革は、難事業にならざるをえない。中央政府が上から奨励しなければ、市や町村は大規模な市民参加には着手しないものである。ＥＵなら、加盟国が抽選制を活用した重要なパイロット事業に着手するのを後押しできるであろう。たしかに、大規模な無作為抽出や熟議民主主義に最初に取り組んだのはEUである。[124] また、二〇一三年を「市民の年」と宣言したのもEUである。多くの加盟国で民主主義が揺らぐなか、EUの高邁な民主主義の理念はどうすれば維持できるのであろうか。

南欧の加盟国（ギリシャ、イタリア、スペイン、ポルトガル、キプロス）の危機によって、民主主義の崩壊《ポスト・デモクラシー》という悪夢が現実味を帯びている。ハンガリーやギリシャでは、ファシズム運動が地下活動ではなくなって久しい。イタリアやギリシャでは、テクノクラシーが民主主義のリリーフ役を務めている。オランダ、フランス、イギリスでは、ポピュリズムが政治の一角を占めるようになっている。ベルギーで一年半も新政権が発足できなかったことは記憶に新しい。こうした事例は、枚挙に暇がない。

ベルギーのような国で二重代議制モデルが採用されれば面白いだろう。民主主義疲れ症候群をこれほど強烈に経験したEU加盟国は、ベルギーを措いてほかにはない。二〇一〇年総選挙後に連立政権が発足するまで、実に五四一日を要した。文字通り世界新記録である。抽選制の機が熟した国も、ベルギーを措いてほかにはない。二〇一四年以降、上院は直接選挙制ではなくなっている。連邦レベルでは、立法権はすべて下院（代議院）に付与された。加えて、ここ一〇年間、連邦政府の膨大な権限が地域政府や共同体政府（フランダース、ワロン、ブリュッセル、ドイツ語共同体）に移譲されている。[125] 各レベルの政府が公式に接触できるように、上院は下院の決定を再考する議院へと発展し、様々な地域政府の出会いの場になった。ベルギーの上院はイギリスの貴族院と同じように貴族の広間だったが、今ではアメリカの上院と同じように、国内の地域的多様性を確保するための議院になった。六〇議席のうち五〇議席は、ベルギー国内の地域・共同体議会から選出され、残る一〇議席は任命される。選挙で選出された上院議員の比率は一貫して低下してきた。一八三〇年にはすべての上院議員が選挙で選出されていたが、現在では誰も選挙で選出されてはいない。その結果、抽選制に道が開けた。ベルギー人は度重なる憲法改正を通じて、直接選挙制はもはや国会議員選出の絶対条件ではない、という考えに抵抗感を抱かなくなっている。偶然型代議制民主主義に勝機がありそうな場所がEU内にあるとすれば、それは改革されたベルギー上院にほかならない。[126]

二重代議制になれば、ベルギー上院は、すべて抽選で選出された市民によって編制されるであろう。一方、下院は従来通り、選挙で選出された市民が占めるであろう。上院の定数を何名にするのか。どのように抽選を実施するのか。そうした上院は、いかなる権限を有するのか。任期は何年なのか。どれくらいの報酬が正当なのか。こうした点は、さしあたり問題ではない。重要なのは、多体抽選制を一歩一歩粘り強く導入していくことである。連邦政府はEUの断固たる支持があって初めて、一つの法律を制定するのに抽選制を採用することができるであろう（たとえば、連邦政府に残された権限を定める法律である）。そのためには、利害関心パネル、審査パネル、政策陪審員を招集するだけでよい。政治は、結果をどのように扱うのかを事前に決めておく。勧告が法的拘束力を持つのか否か、法律がいつ発効するのか、という点である。

その経験が肯定的に受けとめられれば、抽選制は特定の政策領域、なるべくなら、デリケートな問題であるため政党政治では解決しにくい政策領域へと拡大していく可能性がある（ブリシウスの第二段階）。アイルランドでは、憲法会議が同性婚、人工妊娠中絶、瀆神罪、選挙制度に取り組んだ。ベルギーでは、環境、難民・移民、言語共同体問題を扱うことができるであろう。それを実施するには、議題評議会、規則評議会、監視評議会を設置する必要がある。そうなれば、市民参加は、統治という名の群島において確固たる地位を占めるであろう。新しい民主主義において社会を設計するために連携する島々になるであろう。[127] 次の段階では、政治は抽選制の市民参加を常設化することを決定し、必要な措置を講ずる。上院は、複数の部門で構成される立法機関へと再構築されるであろう（ブリシウスの第四段階）。

ベルギーは、ヨーロッパで初めて二重代議制を実行に移す国になるかもしれない。アイスランドやアイルランドは、大胆にも憲法改正を業務委託（クラウドソーシング）するために、それに先立つ財政・経済危機という機会を逃さずにつかんだ。ベルギーも、民主主義を甦らせるために、数年来の政治的危機を奇貨とすることができるかもしれない。だが、その他の国々も、二重代議制を試験的に導入する資格を有している。たとえば、ポルトガルという比較的若い民主主義国は危機に直面し、市民参加によって予算を組んだ経験がある。同じく若い民主主義国であるエストニアは、ロシア系住民の地位という厄介な少数民族問題を抱えている。ＥＵ最年少の加盟国であるクロアチアは、能動的シティズンシップと良き統治を積極的に推進している。オランダは、選挙制度市民フォーラムを開催しただけでなく、社会的熟議の偉大な伝統――いわゆる「妥協案を探す」(polderen)〔干拓地（ポルダー）をつくる際、人間と海が妥協し、共存すること〕――を有している。それ以外の国もあろうが、いずれにせよ、比較的小さい加盟国から始めるのが賢明であろう。

この提案は一見すると夢物語にみえるかもしれないが、そうではない。抽選で選出された市民が、すでに権力を握っているからである。昨今のヨーロッパでは、無作為抽出型の世論調査は、政治情勢を調べるための中立的指標にとどまらず、政党がその宣伝内容に磨きをかけるうえで極めて重要な道具へと進化している。世論調査はもはや各政党、政治家、政策の人気を調べるだけではなく、それ自体が政治的事実になっている。その影響は計り知れない。統治者は無作為抽出型の世論調査に大きな価値を見いだし、政策立案者はそれを絶えず気にかけている。抽選制の提案は、既存のプロセスを可視化するだけである。

立ち止まっている場合ではない。今すぐ行動に移ろうではないか！

結論

我々は選挙制に限定することで民主主義を破壊しつつあるが、選挙制はそもそも民主主義の道具であるとは決して見なされない。第一章から第三章までで展開した議論を要約すれば、このようになる。第四章では、歴史上、最も民主的な道具だった抽選制を、どうすれば今日改めて導入できるのかを検討した。

だが、何も改革されなければ、どうなるのであろうか。各国の政府、政党、政治家が次のように言えば、どうなるのであろうか。「抽選制も結構だが、これまで市民のために色々なことをしてきたではないか。様々な新しい道具を用意してきたではないか」。その通り。行政に不満を抱く人がオンブズマンに相談できる国は、どんどん増えている。意見のある人は、レファレンダムで票を投ずることもできる。さらに、一定数以上の署名を集めた人は「市民イニシアティブ」の制度を利用し、何でもアジェンダに載せることができる。かつては、こうした市民参加は存在せず、政府は労働組合、審議会、審査委員会、内部組織などと話し合っていたのである。

市民社会の諸団体の発言力が低下していることを考えれば、これらの新しい道具は有益であろう。だが、彼らは依然として、極めて不十分な発言権しか持っていない。市民イニシアティブは、牛乳配達のように、市民のニーズを議員宅の玄関先まで配達する。だが、その先には入れない。レファレンダムでは、市民は出来合いの法案を、同じ隠喩を使えば自宅の窓からそのまま受け取る。だが、投票前には何もできない。当日、レファレンダムに怒濤のごとく突入するだけである。オンブズマンとは自宅の庭で相談しているようなものであり、立法過程とは切り離されている。決して近くはない（オンブズマンは、言ってみれば、政府お雇いの庭師である。市民と時々オシャベリをし、その心配事に耳を傾けるのである）。

たしかに新しい道具ではあるが、市民を周到に遠ざけている。立法府の扉や窓は、固く閉ざされたままである。ネズミ一四、建物内に入れない。現在の危機に照らせば、そうした広場恐怖症には驚くほかない。政治が城塞に閉じこもり、カーテンの陰から路上の喧騒をこっそり窺っているかのようである。しかしそれは賢明なやり方ではなく、市民の不満をいっそう募らせるだけでしかない。

抜本的に改めなければ、現在の体制は長くは持たないであろう。どれだけ棄権が増加し、政党が衰退し、政治家が軽蔑されているのか。政権を樹立するのがどれほど難しいのか、政権の座にとどまる政党がいかに少なく、手痛いしっぺ返しを食らうのか。いかに急速にポピュリズム、テクノクラシー、反議会主義が流行するのか。ますます多くの市民が参加を切望する一方、いかに急激に切望が不満に転ずるのか。これらを考えれば、すでに時が満ちているのが分かるであろう。我々に残された時間は少ない。

いたって簡単な話である。政治が扉を開けるか、遠からず市民が扉を打ち壊すか、二つに一つである。怒った市民は「参加なくして課税なし」というスローガンを繰り返し、民主主義の家財道具を粉々に打ち砕き、権力のシャンデリアを持ち去るかもしれない。

*

残念ながら、これは空想物語ではない。本書の仕上げをしているとき、トランスペアレンシー・インターナショナルは『世界腐敗バロメーター』を刊行した。その結果は、あまりにも衝撃的である。政党は世界中で、地上における最も腐敗した制度だと見なされている。ほぼすべての西洋民主主義諸国で政党はワーストワンであり、EUでも目を覆いたくなるような数字である。

こうした状況は、あとどれくらい続くのであろうか。持ちこたえられるとは到底思えない。私が政治家であれば、おちおち寝てはいられないだろう。私は熱烈な民主主義者なので、すでにおちおち寝てなどいない。これは時限爆弾だ。まだ静かだが、嵐の前の静けさである。すでに労働問題がくすぶっていたが、まだ爆発していなかった一八五〇年の静けさである。長期にわたる大混乱の前の静けさである。かつては選挙権が問題だったが、今日では発言権が問題になっている。だが、本質的には同じ闘争である。政治的解放を求める闘争であり、民主的参加を求める闘争にほかならない。我々は、民主主義を脱植民地化しなければならない。民主主義を民主化しなければならない。

もう一度言おう。立ち止まっている場合ではない。今すぐ行動に移ろうではないか！

あとがき

故障する前のほうが、車は修理しやすい。

三年前、激しい論争を引き起こした本書を著した。まだ印刷中だというのに、フランダースの著名な三人の政治学者は、読んでもいないのに攻撃してきた。公刊後は、書名を批評すれば本文を批評したことになる、と考えているとしか思えない批評家もいた。重鎮の政治家やジャーナリストのなかには、まるで私が彼らから何か——玩具、特権、権力——を奪い取ったかのように、カンカンに怒った者もいた。彼らの言い分はたいていチンプンカンプンだった。

私の基本的な考え方は明快だった。選挙制は民主主義と同義語ではなく、時に民主主義にとって有害にすらなりうること。選挙制が二世紀前に民主主義を阻止するために自覚的に導入されたことを考えれば、私の考えは馬鹿げたものではないこと。長い歴史があるのに忘却されてきた手続きがあり、埃を払って手に取るに値すること。

他方では、鋭い論評もあった。数多くの分析、研究会、論争を通じて、新しい洞察を得ることができた。インターネットでの幾つかの議論で分かったのだが、ソーシャルメディアには罵詈雑言しかないわけではない。また、ベルギーやオランダの元政治家のなかには、現代民主主義が問題をはらんでいることに遂に同意してくれた者もいた。そして、選挙制だけでなく抽選制も検討して代議制をさらに代議的なものにしよう、という提案に素直に耳を傾けてくれた者もいたのである。

実のところ、この提案の何がそれほど革命的なのであろうか。我が民主主義諸国では毎日のように抽選制を用いているが、最もお粗末な抽選制、すなわち世論調査しか用いていない。世論調査では、無作為抽出された人々に向かって、考えていないときに考えていることを尋ねる。そしてその回答が政策に影響を及ぼす。その同じ人々が考えられるようになったときに考えていることを尋ね、政治がそれに耳を傾けたほうが理に適っているのではないのだろうか。

社会をナベに入ったスープと比較してみてほしい。スープがおいしく出来上がっているかどうかを知りたければ、スープをひと掬いして味見をする。そして、まだ味見をしていないスープに調味料を加える。問題は、スープをどのように掬いあげるかである。用いる料理器具によって違いが生じる。選挙制という穴の空いたお玉杓子と、抽選制という穴の空いていないお玉杓子では、まったく異なるスープを味見することになり、異なる決定を下すことになるからである。道具は中立的ではない。手続きは結果を規定する。私は、国民代表の二つの形態――穴の空いていないお玉杓子と穴の空いたお玉杓子、抽選制と選挙制――を組み合わせることを擁護したい。たとえそれが現在の体制の慢性的な選挙熱や短期的な視野を打破するためだけであったとしても、である。二一世紀において民主主義を単純選挙制に還元しつづける人がいるとすれば、その人は民主主義を意図的に骨抜きにしているのである。

私が提唱したのは、選挙制に加えて、抽選制、熟議制、入替制を組み合わせることである。すでに示唆したように、選挙で選出された政府は重要な決定を下す際、市民を招待し（抽選制）、採るべき進路について話し合ってもらうことができる（熟議制）。その際、別の人を改めて選出し直すこともできる（入替制）。抽選制を採用すれば、裕福な高学歴の白人男性しか発言権を持たないようなことにはならない。熟議制を採用し、市民が専門家、政治家、他の市民と話し合う機会を制度化すれば、感情に流されるようなことにはならない。そして、入替制を採用すれば、一握りの人々にしか順番が回らないようなことにはならない。

世論調査はどうか。抽選や入替という点では合格だが、熟議が存在しない。その結果は、根拠なき勧告である。

公聴会はどうか。入替や熟議という点では合格だが、抽選が存在しない。その結果は、学歴民主主義である。

市民パネルはどうか。抽選や熟議という点では合格だが、入替が存在しない。その結果は、参加できなかった人々の不満である。

これら三つの側面を対等に組み合わせれば、市民と統治者の溝を埋めやすくなるように思われる。歪んだ議会秩序のなかに、平穏や理性を取り戻そうとする提案である。政治にたいする攻撃ではなく、政治家が再び市民の信頼を得て活力ある決定を下せるようにする試みである。

こうした新しいダイナミズムが時期尚早であるとは思わない。現在のように市民と政治家が相互に不信感を抱いているかぎり、なんとかして国外逃亡を図ろうとする者も出てくるであろう。二頭の犬が取っ組み合いの喧嘩をしていれば、国際市場はそっぽを向いてしまうであろう。すでに多くの権限が国内民主主義から国際テクノクラシーへと移譲されている（国際通貨基金、欧州中央銀行、ユーロ圏、等々）。その結果、市民の側では不満が募り、政治家の側では無力感にさいなまれる。双方で疑念が深まり、ナベに加わる圧力は増大し、体制にはすでにヒビが入っている。

あちこちで、何かが孵化しはじめている。ユトレヒトのような都市は、あえてその道を歩んできた。この基礎自治体は、エネルギー計画や難民統合計画といった長期目標について話し合うために、一五〇人の市民を定期的に抽選で選出している。ベルギーでは、様々な基礎自治体、州、政党、それどころか大臣でさえ、新しい形態の市民参加を伴った実験を試みている。オランダの主要都市では、G1000という市民サミットが開催された（アムステルダム、ハーグ、アメルスフォールト、アペルドールン、グローニンゲン、ナイメーヘン等々）。マドリードやバルセロナのような都市では、ローカル・レベルで抽選制が可能かどうかを検討しはじめた。ベルギーの政治家のなかには、憲法委員会、それどころか上院議員を抽選で選出することを擁護する者もいる。多くの人が世界一の民主主義国だと見なすスイスでは、下院に相当する国民議会を選挙ではなく抽選で選出しようというレファレンダムを求める署名が集められている最中である。

ここで問題になっているのは、選挙権から発言権へという民主主義の至極当然の発展にほかならない。このプロセスは、一世紀前に選挙権が女性へ拡大されたのと同じように不可避である。女性の選挙権は、当初こそ論争の的になったものの、後には自明の理になった。現在、教育水準は向上し、情報はまたたく間に世界を駆けめぐる。そうしたなか、二一世紀に向けて民主主義の手続きをアップデートするのは、いたって普通のことである。選挙制は、大半の人々が読み書きできなかった時代の産物である。このことを忘却しないようにしようではないか。

そうしたアップデートは、しかし、本当に実行に移されるのであろうか。それとも、エムエスドス〔ウィンドウズが普及する前に使用されていたマイクロソフト社製のオペレーティング・システム〕と格闘しつづけるのであろうか。

私ごとではあるが、本書『選挙制を疑う』のオランダ語版が一二刷に達したことに言及しておきたい。三〇〇〇部がオランダのすべての基礎自治体に配布された。多くの言語に翻訳され、オスロ、コペンハーゲン、パリ、ロンドン、ベルリンでの討論会や、ベルギー上院やアレクサンドリア図書館でのシンポジウムのきっかけとなった。特に、アレクサンドリア図書館で開催されたシンポジウムでは、二〇人の元国家元首や政府指導者が「アラブの春」のキーパーソンとともに、この問題を詳細に検討したのである。本の成功など、どうでもよい。

そう、地方レベルでは何かが胎動しつつある。しかし、国政レベルではどうなのであろうか。アイルランドやアイスランドは、民主主義の刷新という点では最も先進的であるが、その両国においてでさえ、選挙で選出された政治家は、市民参加の勧告に従うことに二の足を踏んでいる。これはいったいどういうことか。また、ヨーロッパ中で政党政治にたいする不信感が沸点に達しているのに、政治家が自分の爪先を、市民との成熟した関係という泉におそるおそるしか浸そうとしないのは、いったいどういうことか。また、EUがその設立以来、最も危機的な時を迎えているというのに、「市民との風通しをよくすること」が課題であると相変わらず考えており、トップダウン・アプローチそのものが問題の核心であることに気づいていない。これはいったいどういうことか。

民主主義は、人民自身が統治する統治形態である。もう一度突きつめて考えてみようではないか。市民が政策について協議する意志や能力を有しているかどうかは論ずるまでもない。その答えは、無条件でイエスであるから。問題は、大半の政治家に依然としてその意志がないことである。彼らは一七八八年のフランス貴族と同じように振る舞い、気をもむ必要などないと考えているのである。民主主義体制がみずからを刷新していくことに疑問の余地はない。問題はただ一つ、それがいつなのかということである。この絶対不可欠の刷新は、ついに始まるのであろうか。それとも、民主的価値観の終焉、深刻な騒擾や暴力、それどころか議会制の崩壊の後になってようやく生じるのであろうか。要するに、故障する前にアップデートするのであろうか。それとも、故障した後にアップデートするのであろうか。私は長らく、まだ手遅れではないと考えてきた。政治は十分に賢明であり、自己利益のためにではあるにせよ、完全にメルトダウンする前に必要な調整を図るであろう、と。だが、二〇一六年夏以降、私はそのことに疑念を抱きはじめている。もちろん、車に乗りながら、その車を修理するのは容易ではない。だが、故障した後に修理するのは至難の業である。

*

この「あとがき」を書いているのは、二〇一六年の九月初旬である。この数日、私はファシズムのかつての首都に滞在している。昨日は、戦後ドイツ史上初めて極右が選挙で大勝した。メクレンブルク＝フォアポンメルン州において、これまで取るに足らない政党だったドイツのための選択肢（ＡｆＤ）が、メルケル連邦首相が率いるキリスト教民主同盟（ＣＤＵ）を上回ったのである。それは「我らが不満の夏」の締め括りと見なすことができるであろう。いずれにせよ二〇一六年の夏は、西洋民主主義が瀬戸際に立たされた季節として歴史に刻まれるであろう。イギリスでは、馬鹿げた選挙公約のせいで、馬鹿げたレファレンダム——一回投票制、単純多数決制で、議会も政府もまったく審議しなかった——が実施された。その帰結はブレグジット〔イギリスのＥＵ離脱〕である。一九八九年にベルリンの壁が崩壊して以降、ヨーロッパで最も重大な政治的出来事である。アメリカでは、責任能力がないとしか言いようのない常軌を逸した男が共和党の大統領候補者になり、それとともにアメリカの公開討論はすっかり様変わりしてしまった。トルコのエルドアン大統領はクーデター未遂事件の後、選挙で民主的に選出された権威主義的リーダーの隊列——プーチンやオルバーンも属する——に最終的に加わった。ブラジルでは、南米大陸の希望の星だった大統領〔ジルマ・ルセフ〕が罷免された。スペインの政治家は、再選挙後も依然として政権を樹立できていない〔二〇一六年六月の再選挙後、一一月にようやく第二次ラホイ政権が発足した〕。フランス、オランダ、オーストリアでは、いっそう明白になってきたように、露骨な排外主義を掲げる政党が次の選挙で国家の最高職を手に入れるかもしれない。孤立した人々にたいする身の毛もよだつような攻撃は、特定の集団全体にたいする吐き気をもよおすような魔女狩りへと至った。難民問題、金融危機、タックス・ヘイヴン、拡大する格差、ヨーロッパの命運、特に気候変動問題といった長期的課題と併せて考えれば、西洋の民主主義体制がそもそも何かを成し遂げられるのか、否応なしに自問せざるをえないであろう。

三年前、本書の最後のページにおいて、我々の民主主義を時代に適合させないかぎり「長期にわたる大混乱」に陥ると警鐘を鳴らした。実のところ、事態がこれほど急速に悪化するとは思いもよらなかった。私が思い違いをしていればよいのだが、と心のどこかで期待していた。「今すぐ行動に移ろうではないか」と本書の最後に記した際、もどかしく感じてはいたが、希望にあふれてもいた。私はいっそう声を大にして自問自答を繰り返している。だが、希望はますます失われつつある。

二〇一六年九月五日　ベルリンにて

謝辞

二〇一二年夏、ピレネー山脈を西から東へと旅していた。そのとき、本書のアイディアが熟した。濃霧のせいでフランス領バスクの村アルデュードで足止めをくらい、立ち寄った古い学校でジャン＝ジャック・ルソー『社会契約論』を目にした。その抽選制に関する文章がやけに心に響いたため、私は手帳に書き写した。そして数週間、その文章を頭の中で反芻しつづけた。この長期登山の間に本書の構成が出来上がったのである。とはいえ、本書は「孤独な散歩者の夢想」にとどまらない。数年にわたる文献調査、調査旅行、ヒアリングの成果でもある。

G1000の経験がなければ、本書を企画することはなかったであろう。二〇一一年二月、ベルギーの市民参加を拡大するという大規模なプロジェクトを立ち上げようと決心した。当時は、それが途方もない企てであり、多くのことを教えてくれようとは思いもよらなかった。同団体を支えてくれた実に刺激的なチームに心から感謝したい。G1000を設立する前にはほとんど面識がなかったのに、このチームは温かく、知性に溢れ、活気に満ちていると常々感じてきた。抽選制に関心を抱くきっかけを作ってくれたのは、コラムニストのポール・エルマン（Paul Hermant）である。憲法学者のセバスティエン・ヴァン・ドローゲンブルック（Sébastien Van Drooghenbroeck）は、はやくも初会合でベルナール・マナンの著作を教えてくれた。G1000の方法論を担当するミン・ルーシャン（Min Reuchamps）とディディエ・カルワールツ（Didier Caluwaerts）は熟議民主主義に関する博士論文を書き終えており、ジェイムズ・フィシュキンの実験について教えてくれた。G1000のキャンペーンの責任者であるカトー・レオナール（Cato Léonard）は電気通信畑の出身であり、資金調達イベントの行き帰りの車内で、ビジネスの世界では「共創」や「ステークホルダー・マネジメント」への関心が高まっていると指摘してくれた。尽きることなく語りつづけた思い出を大切にしていきたい。ブノワ・デレンヌ（Benoît Derenne）も良き話し相手になってくれた。彼はG1000のフランス語圏のスポークスマンになり、私はオランダ語圏のスポークスマンになった。デレンヌは次世代基金の設立者として、地域レベルや欧州レベルにおいて市民参加を組織し、多くの経験を積んでいた。しかも、スイス出身のベルギー人として、民主主義に関する斬新なアイディアを数多く抱いていた。たとえば、ある会合では、何人かの上院議員だけでも単純に抽選で選出してはどうか、と声を大にして疑問を投げかけたのである。

G1000関係者では、ペーター・ヴェルメーシュ（Peter Vermeersch）、ディルク・ヤーコブス（Dirk

Jacobs)、デイヴ・シナーデ(Dave Sinardet)、フランチェスカ・ヴァンティーレン(Francesca Vanthielen)、ミリアナ・フラッタローラ(Miriana Frattarola)、ファトマ・ギレッツ(Fatma Girretz)、ミリアム・ストッフェン(Myriam Stoffen)、ヨナサン・ヴァン・パレイス(Jonathan Van Parys)、ファティマ・ジボー(Fatima Zibouh)にも感謝したい。彼/彼女たちは素晴らしい話し相手であるだけでなく、良き友人でもありつづけている。アリーヌ・グータルズ(Aline Goethals)、ロニー・ダーヴィッド(Ronny David)、フランソワ・ザヴィエ・ルフェーヴル(François Xavier Lefebvre)をはじめとする多くの方々は途中から参加し、縁の下の力持ちになってくれた。同プロジェクトの数百人のボランティア、数千人の寄付者、一万二〇〇〇人以上の支持者の方々への謝辞を記すのは場違いかもしれないが、二〇一一年の市民サミットや二〇一二年の市民パネルに参加した方々には特にお礼を申し上げたい。彼/彼女たち以上に、市民が民主主義の将来のために共に働く意志も能力もあることを確信させてくれた人々はいないからである。

本書を着想したのは、二〇一一―一二年にライデン大学クレヴェリンガ講座を担当した際であった。同講座は、偉大な勇気ある法学者ルドルフ・クレヴェリンガ(Rudolph Cleveringa)の精神に基づいて、権利、自由、責任について考察するために設置された。私の就任講義の題目は「呼吸困難に陥った民主主義――選挙原理主義の危険」だった。学部長評議会、とりわけ、信頼を寄せてくださった故ウィレム・ウィレムズ(Willem Willems)元考古学部長とポール・ヴァンデル・ヘイデン（Paul van der Heiden）元総長に感謝申し上げたい。また、アフガニスタンをはじめとする非西洋諸国における選挙制や民主化を研究するセミナーに参加したオナース・カレッジの学生の皆さんにも感謝したい。フィリップ・ヴァン・パレイス（Philippe Van Parijs）、シャンタル・ムフ（Chantal Mouffe）、ミン・ルーシャン（Min Reuchamps）、ポール・ドゥ・グローワ（Paul De Grauwe）といったベルギーの研究者は、私に考えていることを話す機会を与えてくださった。二人の指導的考古学者、すなわちコペンハーゲンのモーゲンス・ヘルマン・ハンセン（Mogens Herman Hansen）とケンブリッジ大学のポール・カートレッジ（Paul Cartledge）は、古代ギリシアの抽選制に関する見解を惜しみなく与えてくださった。心より感謝申し上げたい。

外国を訪問した際には、数多くの政治学者や民主活動家とお会いする特権を享受することができた。オランダでは、ヨシン・ピーテルセ（Josien Pieterse）、イフォンネ・ゾンデルオプ（Yvonne Zonderop）、ウィレム・スヒンケル（Willem Schinkel）から多くのことを学んだ。ドイツでは、カーステン・ベルク（Carsten Berg）やマルティン・ヴィルヘルム（Martin Wilhelm）に強い印象を受けた。オーストリアのカール・ヘンリック・フレドリクソン（Carl Henrik Fredriksson）、フランスのインガ・ワックスマン（Inga Wachsmann）やピエール・カラム（Pierre Calame）、クロアチアのイゴール・シュティクス（Igor Štiks）やスレチコ・ホルヴァト（Srećko Horvat）、マレーシアのバーニス・チャウリー（Bernice Chauly）やA・サマド・サイード（A. Samad Said）も同様である。サイードはマレーシアの国民的英雄であり、七八歳になっても民主主義のために倦むことなく戦いつづける伝説的な反体制派詩人である。

私は、政治家を毛嫌いする類の市民ではない。ベルギー上院議長のサビーヌ・ドゥ・ベチューネ（Sabine de Bethune）やオランダ第二院〔代議院〕元議長のゲルディ・フェルベー（Gerdi Verbeet）のような方々が政治の現場で語ったことに耳を傾けるのは実に有益であると考えている。本書を準備する過程で、ベルギーのベテラン政治家とも長時間にわたって話をすることができた。とりわけスヴェン・ガッツ（Sven Gatz）、インゲ・ヴェルヴォッテ（Inge Vervotte）、カロリーヌ・ジェネー（Caroline Gennez）、ヨス・ゲイセルス（Jos Geysels）、フーゴ・コヴェリヤース（Hugo Coveliers）は、みずからの経験を惜しみなく語ってくれた。本書はベルギーの文脈を超えているため、直接引用することは差し控えるが、彼／彼女たちの話は、私の目を開かせてくれた。すべての方々に心から感謝申し上げたい。

多くの方が私の質問に答えてくれた。マーク・スウィンゲダウ（Marc Swyngedouw）、マーニックス・ベイエン（Marnix Beyen）、ウォルター・ヴァン・ステーンブルッへ（Walter Van Steenbrugge）、フィリップ・ドゥ・リンク（Filip De Rynck）、イェレ・ハーマース（Jelle Haemers）、ファビエン・モロー（Fabien Moreau）、トーマス・サールフェルドゥ（Thomas Saalfeld）、ソーナ・N・ゴルダー（Sona N. Golder）といった方々である。ブリティッシュコロンビア州の選挙制度に関する市民討議会については、第一人者のケネス・カーティ（Kenneth Carty）と意見交換する機会を得た。同じように刺激的だったのは、アイスランドやアイルランドの憲法改正評議会に深く関わったエイリクール・ベルグマン（Eiríkur Bergmann）やジェイン・スーター（Jane Suiter）との出会いである。アメリカのテリー・ブリシウス（Terry Bouricius）やディヴィッド・シェクター（David Schecter）にたいしては、とりわけ多体抽選制モデルをめぐって活発に意見交換したことに感謝したい。同じことは、イアン・ウォーカー（Iain Walker）やジャネット・ハルツ＝カルプ（Janette Hartz-Karp）と、彼らのオーストラリアでの創造力に富んだ素晴らしい仕事にも当てはまる。

ペーター・ヴェルメーシュ（Peter Vermeersch）、エミー・デシュッテレ（Emmy Deschuttere）、リュク・ハイセ（Luc Huyse）は草稿を熟読し、嬉しいことに、これまでと同じように鋭いコメントを寄せてくれた。彼／彼女たちの友情がなかったなら、今の私はなかったであろう。シャルロッテ・ボンデュエル（Charlotte Bonduel）には文献検索や図表作成でお世話になった。彼女との仕事は楽しいものだった。ウィル・ハンセン（Wil Hansen）は今回も比類なき編集者だった。ある天気の良い日に私の仕事部屋で本書のタイトルを示唆してくれたのは、ほかならぬ彼である。彼はスーザン・ソンタグ（Susan Sontag）の *Against Interpretation*〔邦訳は『反解釈』高橋康也ほか訳、筑摩書房［ちくま学芸文庫］、一九九六年〕を思いだし、私はポール・ファイヤーアーベント（Paul Feyerabend）の *Against Method*〔邦訳は『方法への挑戦——科学的創造と知のアナーキズム』村上陽一郎／渡辺博訳、新曜社、一九八一年）を思いだした。そして、本書のタイトルを一緒に考え出した。

二〇一三年七月　ブリュッセルにて

注

（1）http://www.wvsevsdb.com/wvs/WVSAnalizeQuestion.jsp〔→ http://www.worldvaluessurvey.org/WVSOnline.jsp〕

（2）Eric Hobsbawm, 1995: *Age of Extremes: The Short Twentieth Century, 1914-1991*. London, 112.

（3）Freedom House, 2013: *Freedom in the World 2013: Democratic Breakthroughs in the Balance*. London, 28-29.

（4）Ronald Inglehart, 2003: 'How Solid is Mass Support for Democracy — and How Can We Measure It'. *PSOnline*, www.apsanet.org, January, 51-57〔*Political Science & Politics*, 36 (1)〕.

（5）選挙や議会を気にかける必要のない強い指導者が望ましいと回答した者は、一九九九―二〇〇〇年には三三・三パーセントだったが、二〇〇五―二〇〇八年には三八・一パーセントになっている。信頼について言えば、政府をまったく／ほとんど信頼していない回答者は五二・四パーセント、議会をまったく／ほとんど信頼していない回答者は六〇・三パーセント、政党をまったく／ほとんど信頼していない回答者は七二・八パーセントだった（二〇〇五―二〇〇八年）。http://www.wvsevsdb.com/wvs/WVSAnalizeQuestion.jsp〔→ http://www.worldvaluessurvey.org/WVSOnline.jsp〕

（6）Eurobarometer, 2012: *Standard Eurobarometer 78: First Results*. Autumn 2012, 14. http://ec.europa.eu/public_opinion/archives/eb/eb78/eb78_first_en.pdf

（7）http://www.eurofound.europa.eu/surveys/smt/3eqls/index.EF.php　報道機関・議会・政府に関する数字は二〇

一二年時点、政党に関する数字は二〇〇七年時点のものである。

（8） Peter Kanne, 2011: *Gedoogdemocratie: Heeft stemmen eigenlijk wel zin?* Amsterdam, 83.

（9） Koen Abts, Marc Swyngedouw & Dirk Jacobs, 2011: 'Politieke betrokkenheid en institutioneel wantrouwen: De spiraal van het wantrouwen doorbroken?' In: Koen Abts et al., *Nieuwe tijden, nieuwe mensen: Belgen over arbeid, gezin, ethiek, religie en politiek*. Leuven, 173-214.

（10） Luc Huyse, 1969: *De niet-aanwezige staatsburger*. Antwerpen, 154-157.

（11） Michael Gallagher, Michael Laver & Peter Mair, 2011: *Representative Government in Europe*. Maidenhead, 306.

（12） http://nl.wikipedia.org/wiki/Opkomstplicht

（13） Koenraad De Ceuninck et al., 2013: 'Politiek is een kaartspel: de bolletjeskermis van 14 oktober 2012'. *Sampol*, 1, 53.

（14） Yvonne Zonderop, 2012: 'Hoe het populisme kon aarden in Nederland'. Creative Commons, 50.

（15） http://www.parlement.com/id/vh8lnhrp8wsz/opkomstpercentage_tweede

（16） Michael Gallagher, Michael Laver & Peter Mair, 2011: *Representative Government in Europe*. Maidenhead, 311.

（17） Paul F. Whitely, 2011: 'Is the Party Over? The Decline of Party Activism and Membership across the Democratic World'. *Party Politics*, 17 (1), 21-44.

（18） Ingrid Van Biezen, Peter Mair & Thomas Poguntke, 2012: 'Going, Going,... Gone? The Decline of Party Membership in Contemporary Europe'. *European Journal of Political Research*, 51, 33, 38.

（19） http://nl.wikipedia.org/wiki/Historisch_overzicht_van_kabinetsformaties_(Nederland) なお、Sona N. Golder, 2010: 'Bargaining Delays in the Government Formation Process'. *Comparative Political Studies*, 43 (1), 3-32 も参照。

（20） Hanne Marthe Narud & Henry Valen, 2005: 'Coalition Membership and Electoral Performance in Western Europe'.

Paper for presentation at the 2005 NOPSA Meeting, Reykjavík, August 11-13, 2005. 以下の動画も視聴のこと。Peter Mair, 2011: 'How Parties Govern', Lecture at the Central European University, Budapest, 29 April 2011, http://www.youtube.com/watch?v=mgyjdzfcbps, from 27:50.

（21） Tweede Kamer der Staten-Generaal, 2008-2009: *Vertrouwen en zelfvertrouwen: Parlementaire zelfreflectie 2007-2009*. 31 845, nummers 2-3, 38-39〔https://zoek.officielebekendmakingen.nl/dossier/34527/kst-31845-3.html〕.

（22） Ibid., 34.

（23） Hansje Galesloot, 2005: *Vinden en vasthouden: Werving van politiek en bestuurlijk talent*. Amsterdam.

（24） Herman Van Rompuy, 2013: 'Over stilte en leiderschap', lezing gehouden in Turnhout op 7 juni 2013, www.destillekempen.be

（25） 私は前著 *Pleidooi voor populisme* (Amsterdam, 2008) において、ポピュリズムの抑制ではなく、その改良を擁護した。そもそもポピュリズム的な投票行動は、不器用なやり方ではあるが、我々の社会で十分な教育を受けていない大衆がいつの時代も抱える要求、すなわち政治に参画したいという要求の表れである。

（26） Mark Bovens & Anchrit Wille, 2011: *Diplomademocratie: Over de spanning tussen meritocratie en democratie*. Amsterdam.

（27） Raad voor het Openbaar Bestuur, 2010: *Vertrouwen op democratie*. Den Haag, 38 から再引用。

（28） John R. Hibbing & Elizabeth Theiss-Morse, 2002: *Stealth Democracy: Americans' Beliefs about How Government Should Work*. Cambridge, 156.

（29） Sarah van Gelder (ed.), 2011: *This Changes Everything: Occupy Wall Street and the 99% Movement*. San Francisco, 18.

（30） これについては、素晴らしい分析がある。Tom Vandyck, '"Compromis", een nieuw vuil woord'. *De Morgen*, 11 juli 2011, 13.

（31） Ibid.

（32） Lars Mensel 2013: ‘ “Dissatisfaction Makes Me Hopeful”, interview with Michael Hardt’. *The European*, 15 April 2013.

（33） Lenny Flank (ed.), 2011: *Voices from the 99 Percent: An Oral History of the Occupy Wall Street Movement*. St Peterburg, Florida, 91.

（34） オキュパイ運動に関する初期の書籍は、かなり自画自賛的である。ヴァン・ヘルダー（Van Gelder）の編著〔注29〕、フランク（Flank）の編著〔注33〕のほか、Todd Gitlin, *Occupy Nation: The Roots, the Spirit, and the Promise of the Occupy Wall Street* (New York, 2012) や Writers for the 99%, *Occupying Wall Street: The Inside Story of an Action that Changed America* (New York, 2012)〔ライターズ・フォー・ザ・99％『ウォール街を占拠せよ――はじまりの物語』芦原省一訳、高祖岩三郎解説、大月書店、二〇一二年〕所収の文書も参照した。

（35） Sarah van Gelder (ed.), 2011: *This Changes Everything: Occupy Wall Street and the 99% Movement.* San Francisco, 25.

（36） Mary Kaldor & Sabine Selchow with Sean Deel and Tamsin Murray-Leach, 2012: ‘The “Bubbling Up” of Subterranean Politics in Europe’. *LSE Research Online*, June 2012, 10〔http://eprints.lse.ac.uk/44873/〕.

（37） Ibid., 12.

（38） Lenin, 1918 [2006]: *L’ État et la révolution: la doctrine marxiste de l’ État et les tâches du prolétariat dans la révolution.* Montreuilsous-Bois, 66-68〔レーニン『国家と革命』宇高基輔訳、岩波書店［岩波文庫］、一九五七年、六八―七一頁〕.

（39） Chris Hedges & Joe Sacco, 2012: *Days of Destruction, Days of Revolt*. New York, 232.

（40） Pierre Rosanvallon, 2012: *Democratie en tegendemocratie*. Amsterdam, 54.

（41） Thomas Frank, 2013: ‘Occuper Wall Street, un mouvement tombé amoureux de lui-même’. *Le Monde diplomatique*, janvier 2013, 4-5（初出：*The Baffler*）.

（42） Willem Schinkel, 2012: *De nieuwe democratie: Naar andere vormen van politiek*. Amsterdam, 168.

（43） Stéphane Hessel, 2013: *À nous de jouer: Appel aux indignés de cette Terre*. Paris, 63.

（44） Christoph Mielke, 2012: 'The German Pirate Party: Populists with Internet access or a Game-changer for German Politics?' *APCO Forum*, www.apcoworldwide.com/forum

（45） http://www.g500.nl

（46） Fiona Ehlers et al., 2013: 'Europe's Lost Generation Finds its Voice'. *Spiegel Online*, 13 März 2013.

（47） なかでも、LiquidFeedbackというフリーソフトや「代理」民主主義というアイディアを通してである。

（48） David Van Reybrouck, 2011: *De democratie in ademnood: de gevaren van electoraal fundamentalisme*. Cleveringarede, Universiteit Leiden, 28 november 2011.

（49） Pierre Rosanvallon, 2008: *La légitimité démocratique: Impartialité, réflexivité, proximité*. Paris, 42.

（50） Edmund Burke, 1774: 'Speech to the Electors of Bristol'. press-pubs.uchicago.edu/founders/documents/v1ch13s7.html〔エドマンド・バーク『バーク政治経済論集』中野好之編訳、法政大学出版局、二〇〇〇年、一六四頁〕.

（51） Jean-Jacques Rousseau, 1762 [2005]: *Het maatschappelijk verdrag*. Amsterdam, boek IV, hoofdstuk II (vertaling S. van den Braak en G. van Roermund)〔ルソー『社会契約論』桑原武夫／前川貞次郎訳、岩波書店［岩波文庫］、一九五四年、第四編第二章、一四七頁〕.

（52） Lars Mensel, 2013: ' "Dissatisfaction Makes Me Hopeful": Interview with Michael Hardt'. *The European*, 15 April 2013.

（53） Colin Crouch, 2004: *Post-Democracy*. Cambridge, 4〔コリン・クラウチ『ポスト・デモクラシー——格差拡大の政策を生む政治構造』山口二郎監修／近藤隆文訳、青灯社、二〇〇七年、一一頁〕.

(54) Marc Michils, 2011: *Open boek: Over eerlijke reclame in een transparante wereld*. Leuven, 100-101.

(55) Jan de Zutter, 2013: ' "Het zijn de burgers die aan het stuur zitten": Interview met Jan Rotmans'. *Samenleving en politiek*, 20 (3), 24 〔www.sampol.be/index.php/interviews/128-2013/maart-2013/1017〕.

(56) アテナイ民主主義にたいする関心が再び高まったのは、デンマーク人古典学者のライフワークが英訳されたおかげである。M. H. Hansen: *The Athenian Democracy in the Age of Demostheses* (Oxford, 1991). 原著（全六巻）は紀元前四世紀の史料を極めて詳細に分析している。

(57) Bernard Manin, 1995: *Principes du gouvernement représentatif*. Paris, 125, 306 (édition 2012).

(58) 本書の「参考文献」を参照。

(59) Aristoteles, *Politica*, 1294b9, 1294b33, 1317b1-4 (vertaling Jan Maarten Bremer en Ton Kessels)〔アリストテレス『政治学』山本光雄訳、岩波書店［岩波文庫］、一九六一年、一九九、二〇〇、二八五頁。アリストテレス『政治学』牛田徳子訳、京都大学学術出版会、二〇〇一年、二〇五、二〇六、三一四—三一五頁〕.

(60) Terrill Bouricius, 2013: 'Democracy through Multi-body Sortition: Athenian Lessons for the Modern Day'. *Journal of Public Deliberation*, 9 (1), article 11.

(61) Miranda Mowbray & Dieter Gollman, 2007: 'Electing the Doge of Venice: Analysis of a 13th Century Protocol'. www.hpl.hp.com/techreports/2007/HPL-2007-28R1.pdf

(62) Yves Sintomer, 2011: *Petite histoire de l'expérimentation démocratique: Tirage au sort et politique d'Athènes à nos jours*. Paris, 86.

(63) Hubertus Buchstein, 2009: *Demokratie und Lotterie: Das Los als politisches Entscheidungsinstrument von Antike bis zur EU*. Frankfurt & New York, 186.

(64) Montesquieu, 1748 [2006]: *Over de geest van de wetten.* Amsterdam, boek II, hoofdstuk II (vertaling Jeanne Holierhoek)〔モンテスキュー『法の精神』上、野田良之ほか訳、岩波書店［岩波文庫］、一九八九年、第二篇第二章、五六―五七頁〕.

(65) Jean-Jacques Rousseau, 1762 [2005]: *Het maatschappelijke verdrag.* Amsterdam, boek IV, hoofdstuk III (vertaling S. van den Braak en G. van Roermund)〔ルソー『社会契約論』桑原武夫／前川貞次郎訳、岩波書店［岩波文庫］、一九五四年、第四編第三章、一五二―一五三頁〕.

(66) Bernard Manin, 1995: *Principes du gouvernement représentatif.* Paris, 108 (édition 2012).

(67) Montesquieu, 1748 [2006]: *Over de geest van de wetten.* Amsterdam, boek II, hoofdstuk II (vertaling Jeanne Holierhoek)〔モンテスキュー『法の精神』上、野田良之ほか訳、岩波書店［岩波文庫］、一九八九年、第二篇第二章、五二頁〕.

(68) John Adams, 1851: *The Works of John Adams.* Boston, vol. 6, 484.

(69) James Madison, 1787: *Federalist Paper no. 10.* http://press-pubs.uchicago.edu/founders/documents/v1ch4s19.html〔A・ハミルトン／J・ジェイ／J・マディソン『ザ・フェデラリスト』齋藤眞／武則忠見訳、福村出版、一九九八年、四七頁〕.

(70) Francis Dupuis-Déri, 2013: *Démocratie: Histoire politique d'un mot aux États-Unis et en France.* Montréal, 138 から再引用。

(71) Francis Dupuis-Déri, 2013: *Démocratie: Histoire politique d'un mot aux États-Unis et en France.* Montréal, 149.

(72) Howard Zinn, 2007: *Geshiedenis van het Amerikaanse volk.* Berchem, 117.

(73) Francis Dupuis-Déri, 2013: *Démocratie: Histoire politique d'un mot aux États-Unis et en France.* Montréal, 87 から再引用。

（74） 深く掘り下げた分析としては、次の文献を参照。Howard Zinn, *Geshiedenis van het Amerikaanse volk* (Berchem, 2007); Francis Dupuis-Déri, *Démocratie, Histoire politique d'un mot aux États-Unis et en France* (Montréal, 2013).

（75） James Madison, 1788: *Federalist Paper no. 57*. http://press-pubs.uchicago.edu/founders/documents/v1ch4s26.html〔A・ハミルトン／J・ジェイ／J・マディソン『ザ・フェデラリスト』齋藤眞／武則忠見訳、福村出版、一九九八年、二七八―二七九頁〕.

（76） Bernard Manin, 1995: *Principes du gouvernement représentatif*. Paris, 168 (édition 2012).

（77） Francis Dupuis-Déri, 2013: *Démocratie: Histoire politique d'un mot aux États-Unis et en France*. Montréal, 155 から再引用。

（78） Francis Dupuis-Déri, 2013: *Démocratie: Histoire politique d'un mot aux États-Unis et en France*. Montréal, 141 から再引用。

（79） Francis Dupuis-Déri, 2013: *Démocratie: Histoire politique d'un mot aux États-Unis et en France*. Montréal, 112.

（80） Edmund Burke, 1790: *Reflections on the Revolution in France*. www.constitution.org/eb/rev_fran.htm〔エドマンド・バーク『フランス革命の省察』半澤孝麿訳、みすず書房、一九九七年、六三―六五頁。エドマンド・バーク『フランス革命についての省察』上、中野好之訳、岩波書店［岩波文庫］、二〇〇〇年、九三―九五頁〕.

（81） Daniel Amson, 2010: *Histoire constitutionnelle française: de la prise de la Bastille à Waterloo*. Paris, 235.

（82） Francis Dupuis-Déri, 2013: *Démocratie: Histoire politique d'un mot aux États-Unis et en France*. Montréal, 156 から再引用。

（83） Yves Sintomer, 2011: *Petite histoire de l'expérimentation démocratique: Tirage au sort et politique d'Athènes à nos jours*. Paris, 120 から再引用。

（84） Alexis de Tocqueville, 1835 (2012): *Over de democratie in Amerika.* Rotterdam, boek 1, deel 1, hoofdstuk 8, 147, 149, 153 (vertaling Hessel Daalder & Steven Van Luchene)〔トクヴィル『アメリカのデモクラシー』第一巻（上）、松本礼二訳、岩波書店［岩波文庫］、二〇〇五年、二〇八、二一二、二一九―二二〇頁〕.

（85） Alexis de Tocqueville, 1835 (2012): *Over de democratie in Amerika.* Rotterdam, boek 1, deel 2, hoofdstuk 8, 294, 296-297 (vertaling Hessel Daalder & Steven Van Luchene)〔トクヴィル『アメリカのデモクラシー』第一巻（下）、松本礼二訳、岩波書店［岩波文庫］、二〇〇五年、一八四、一八七―一八九頁〕.

（86） 以下の文献を参照した。E. H. Kossmann, *De Lage Landen 1780-1980*, deel 1 (Amsterdam, 2001), Marc Reynebeau, *Een geschiedenis van België* (Tielt, 2003), Rolf Falter, *1830: De scheiding van Nederland, België en Luxemburg* (Tielt, 2005), Els Witte, Jean-Pierre Nandrin, Eliane Gubin & Gita Deneckere, *Nieuwe geschiedenis van België, deel 1: 1830-1905* (Tielt, 2005), Els Witte, Jan Craeybeckx & Alain Meynen, *Politieke geschiedenis van België: van 1830 tot heden* (Antwerpen, 2005).

（87） Rolf Falter, 2005: *1830: De scheiding van Nederland, België en Luxemburg*. Tielt, 203.

（88） E. H. Kossmann, 2001: *De Lage Landen 1780-1980*, deel 1. Amsterdam, 137.

（89） John Gilissen, 1968: 'La Constitution belge de 1831: ses sources, son influence'. *Res Publica*, 107-141. 以下も参照。P. Lauvaux, 2010: 'La Constitution belge aux sources de la Constitution de Tirnovo.' In: *L'union fait la force: Étude comparée de la Constitution belge et de la Constitution bulgare*, Bruxelles, 43-54; Asem Khalil, 2003: *Which Constitution for the Palestinian Legal System?* Rome, 11.

（90） Zachary Elkins, 2010: 'Diffusion and the Constitutionalization of Europe'. *Comparative Political Studies*, 43 (8/9), 988.

（91） J. A. Hawgood, 1960: 'Liberalism and Constitutional Developments'. In: *The New Cambridge Modern History, vol. X. The Zenith of European Power, 1830-70*. Cambridge, 191.

(92) Hendrik Conscience, 1850: *De loteling*. Antwerpen.

(93) James W. Headlam, 1891: *Election by Lot at Athens*. Cambridge, 1.

(94) Francis Fukuyama, 1992: *The End of History and the Last Man*. New York, 43〔フランシス・フクヤマ『歴史の終わり』上、渡部昇一訳、三笠書房、二〇〇五年、九四頁〕.

(95)〔前段落と本段落の引用は、〕David Holmstrom, 1995: 'New Kind of Poll Aims to Create an "Authentic Public Voice"'. *The Christian Science Monitor*, 31 August 1995; James S. Fishkin & Robert C. Luskin, 2005: 'Experimenting with a Democratic Ideal: Deliberative Polling and Public Opinion'. *Acta Politica*, 40, 287.

(96) Daniel M. Merkle, 1996: 'The National Issues Convention Deliberative Poll'. *Public Opinion Quarterly*, 60, 588-619.

(97) John Gastil, 1996: *Deliberation at the National Issues Convention: An Observer's Notes*. Kettering Foundation.

(98) David Holmstrom, 1995: 'New Kind of Poll Aims to Create an "Authentic Public Voice"'. *The Christian Science Monitor*, 31 August 1995.

(99) カナダ、オーストラリア、北アイルランド、デンマーク、イタリア、ハンガリー、ブルガリア、ギリシャ、ポーランド、EUだけでなく、ブラジル、アルゼンチン、日本、韓国、マカオ、香港、それどころか中国ですら組織されている。www.cdd.stanford.edu を参照。

(100) Janette Hartz-Karp & Lyn Carson, 2009: 'Putting the People into Politics: The Australian Citizens' Parliament'. *International Journal of Public Participation*, 3 (1), 18.

(101) Manon Sabine de Jongh, 2013: *Group Dynamics in the Citizens' Assembly on Electoral Reform*. Ph. D, Utrecht, 53.

(102) ブリティッシュコロンビア州市民フォーラムの主任調査官を務めたケネス・カーティ（Kenneth Carty）との会話から着想を得ている（二〇一二年一二月一三日、於ルーヴェン）。

(103) Manon Sabine de Jongh, 2013: *Group Dynamics in the Citizens' Assembly on Electoral Reform*. Ph. D, Utrecht, 53-55.

(104) Lawrence LeDuc, 2011: 'Electoral Reform and Direct Democracy in Canada: When Citizens Become Involved'. *West European Politics*, 34 (3), 559.

(105) Ibid., 563.

(106) John Parkinson, 2005: 'Rickety Bridges: Using the Media in Deliberative Democracy'. *British Journal of Political Science*, 36, 175-183.

(107) Eiríkur Bergmann, 2013: 'Reconstituting Iceland: Constitutional Reform Caught in a New Critical Order in the Wake of Crisis'. Conference paper, Leiden, January 2013.

(108) http://en.wikipedia.org/wiki/Icelandic_Constitutional_Assembly_election,_2010

(109) https://www.washingtonpost.com/blogs/monkey-cage/wp/2015/06/05/the-irish-vote-for-marriage-equality-started-at-a-constitutional-convention/

(110) *De Standaard*, 29 december 2012.

(111) Antoine Vergne, 2010: 'A Brief Survey of the Literature of Sortition: Is the Age of Sortition upon Us?' In: Gil Delannoi & Oliver Dowlen (eds.), *Sortition: Theory and Practice*. Exeter & Charlottesville, 80. ヴェーニュは立法機関の一つを抽選制にする提案は一六に上るとしているが、その後、幾つかの提案が公にされた。

(112) アメリカについては、以下の文献を参照。Ernest Callenbach & Michael Phillips, *A Citizen Legislature* (Berkeley, 1985; new edition: Exeter & Charlottesville, 2008); John Burnheim, *Is Democracy Possible? The Alternative to Electoral Politics* (London, 1985, full text online); Ethan J. Leib, *Deliberative Democracy in America: A Proposal for a Popular Branch of Government* (Philadelphia, 2005); Kevin O'Leary, *Saving Democracy: A Plan for Real Presentation in America* (Stanford, 2006). イギリスについては、以下の文献を参照。Anthony Barnett & Peter Carty, *The Athenian Option: Radical Reform for the House of Lords* (London, 1998; new edition: Exeter & Charlottesville, 2008); Alex

Zakaras, 'Lot and Democratic Representation: A Modest Proposal'. *Constellations*, 17 (2010), 3; Keith Sutherland, *A People's Parliament: A (Revised) Blueprint for a Very English Revolution* (Exeter & Charlottesville, 2008); Keith Sutherland, 'What Sortition Can and Cannot Do' (2011, https://ssrn.com/abstract=1928927). フランスについては、以下の文献を参照。Yves Sintomer, *Petite histoire de l'expérimentation démocratique: Tirage au sort et politique d'Athènes à nos jours* (Paris, 2011). ＥＵについては、以下の文献を参照。Hubertus Buchstein, *Demokratie und Lotterie: Das Los als politisches Entscheidungsinstrument von Antike bis zur EU* (Frankfurt & New York, 2009); Hubertus Buchstein & Michael Hein, 'Randomizing Europe: The Lottery as a Political Instrument for a Reformed European Union'. In: Gil Delannoi & Oliver Dowlen (eds.), *Sortition: Theory and Practice* (Exeter & Charlottesville, 2011), 119-155.

（113） Ernest Callenbach & Michael Phillips, 1985 [2008]: *A Citizen Legislature*. Exeter & Charlottesville, 67.

（114） カレンバック（Callenbach）とフィリップス（Phillips）の提案とは、もう一つ違いがある。同輩院の六〇〇人のうち、政党の代理人も議席を占められることである。代理人は、市民社会フォーラムと政党政治の橋渡し役を務めるべく、抽選ではなく任命されるのである。その点では、アイルランドの憲法会議に似ていなくもない。バーネット（Barnett）とカーティ（Carty）はアメリカの同志に追随し、最大限の多様性を確保するためには、抽選の諸条件（十分な報酬、雇用主への補償）を可能なかぎり魅力的にしなければならない、と述べている。とはいえ、徴兵制や陪審制のように、すべての者に強制すべきであるとは考えていない。

（115） Anthony Barnett & Peter Carty, 1998 (2008): *The Athenian Option: Radical Reform for the House of Lords*. Exeter & Charlottesville, 22.

（116） Keith Sutherland, 2011: 'What Sortition Can and Cannot Do'. https://ssrn.com/abstract=1928927. 以下の文献も参照。Keith Sutherland, 2008: *A People's Parliament: A (Revised) Blueprint for a Very English Revolution*. Exeter & Charlottesville.

(117) Yves Sintomer, 2011: *Petite histoire de l'expérimentation démocratique: Tirage au sort et politique d'Athènes à nos jours*. Paris, 235.

(118) Hubertus Buchstein, 2009: *Demokratie und Lotterie: Das Los als politisches Entscheidungsinstrument von Antike bis zur EU*. Frankfurt & New York, 448.

(119) Terrill Bouricius, 2013: 'Democracy through Multi-body Sortition: Athenian Lessons for the Modern Day'. *Journal of Public Deliberation*, 9 (1), article 11, 4-5.

(120) Terrill Bouricius からの電子メール（二〇一三年六月一四日付）。

(121) Terry Bouricius & David Schecter, 2013: 'An Idealized Design for the Legislative Branch of Government'. *Systems Thinking World Journal*, 2, 1.

(122) John Keane, 2010: *The Life and Death of Democracy*. London, 737〔ジョン・キーン『デモクラシーの生と死』下、森本醇訳、みすず書房、二〇一三年、二七二―二七三頁〕.

(123) Alex〔ander〕Guerrero (in prep.): *The Lottocratic Alternative*. Unpublished manuscript〔2014: 'Against Elections: The Lottocratic Alternative'. *Philosophy and Public Affairs*, 42, 135-178〕.

(124) Meeting of the Minds in 2005, European Citizens' Consultations in 2007 and 2009.

(125) 正確に言えば、問題になっているのは三つの言語共同体（オランダ語、フランス語、ドイツ語）と三つの地域（フランダース、ブリュッセル、ワロン）である。ブリュッセルは、公式上はフランス語とオランダ語の二言語地域である。ワロンでは概ねフランス語が話されているが、東部ではドイツ語が話されている。

(126) 副次的な理由もある。第一に、ベルギーは小国であるため、抽選制を試みるのに適した国である（移動距離が一目瞭然であり、首都が中央に位置し、ヨーロッパの監督機関とも近接している）。第二に、三つの公用語が存在し、様々な言語が飛び交う首都を抱えているため、研究者が「分裂社会における熟議民主主義」（deliberative democracy in divided society）と命名するものに取り組むという、大きな課題が与えられている。第三に、ベルギーには一八三一年憲法だけでなく、人道処罰法、同性婚法、安楽死法などが示すように、政治的刷新の伝統がある。一連の法律は、他のEU加盟国よりも一〇年以上先んじている。第四に、ベルギーの人口構成が複雑であるため、「特定多数決方式」の原理――今ではヨーロッパ・レベルでさえ採用されている――のような先端的憲法工学が準備されてきた。第五に、ベルギーは常に、法律や憲法という点で、他のヨーロッパ諸国の実験室になってきた。第六に、政府も市民も、新しい形態の市民参加に精通しつつある。強い市民社会（労働組合、経営者団体、青年運動・女性運動、家族連盟、サークル活動）を通じて、幾つかの基金や機関（Koning Boudewijnstichting, Stichting voor Toekomstige Generaties, G1000, Netwerk Participatie, Vlaams Instituut Samenleving en Technologie, Straten-Generaal, Ademloos, De Wakkere Burger, Kwadraet）の活動を通じて、国際的に評価の高い学術研究（ディディエ・カルワール（Didier Caluwaerts）、ミン・ルーシャン（Min Reuchamps）、フィリップ・ドゥ・リンク（Filip De Rynck））を通じて、様々な関連業者（Levuur, Glassroots, Athanor-Médiations, Tri. Zone）の存在を通じて、（市、州、地域における）成功を収めた無数の市民参加を通じて、民主主義の刷新はもはやタブーではなくなりつつある。

（127） John Keane, 2010: *The Life and Death of Democracy*. London, 695-698〔ジョン・キーン『デモクラシーの生と死』下、森本醇訳、みすず書房、二〇一三年、二三二―二三五頁〕.

参考文献

本書を執筆するにあたり様々な文献を読んだが、最も重要なのはベルナール・マナン（Bernard Manin）の*Principes du gouvernement représentatif* (Paris, 1995) である。同書は、数多くの素晴らしい著作のお手本となっている。イギリスの政治思想家オリバー・ダウレン（Oliver Dowlen）は *The Political Potential of Sortition: A Study of the Random Selection of Citizens for Public Office* (Exeter, 2009) を著した。政治理論と思想史を専門とするドイツ人教授フベルトゥス・ブーフシュタイン（Hubertus Buchstein）は *Demokratie und Lotterie: Das Los als politisches Entscheidungsinstrument von Antike bis zur EU* (Frankfurt, 2009) を公刊した。パリの政治学者イヴ・サントメール（Yves Sintomer）は *Petite histoire de l'expérimentation démocratique: tirage au sort et politique d'Athènes à nos jours* (Paris, 2011) を著した。政治学を専門とするカナダ人教授フランシス・デュピュイ＝デリ（Francis Dupuis-Déri）の *Démocratie: Histoire politique d'un mot aux États-Unis et en France* (Montréal, 2013) も出版されている。

何が民主主義に降りかかったのか、より一般的な歴史を探究したい方は、ジョン・キーン（John Keane）の *The Life and Death of Democracy* (London, 2009)〔『デモクラシーの生と死』上下、森本醇訳、みすず書房、二〇一三年〕から多くを学ぶことができるであろう。専門的ではあるが、強い印象を与えるのは、ピエール・ロザンヴァロン（Pierre Rosanvallon）の研究 *La contre-démocratie* (Paris, 2006)〔『カウンター・デモクラシー――不信の時代の政治』嶋崎正樹訳、岩波書店、二〇一七年〕；*La légitimité démocratique* (Paris, 2008); *La société des égaux* (Paris, 2011) である。オランダでは、これらの豊饒な作品をもとにした優れたアンソロジー *Democratie en tegendemocratie* (Amsterdam, 2012) が編まれた。古典古代の民主主義に関する二つの重要な著書は、モーゲンス・ヘルマン・ハンセン（Mogens Herman Hansen）の *The Athenian Democracy in the Age of Demosthenes* (London, 1999) とポール・カートレッジ（Paul Cartledge）の *Democracy: A Life* (Oxford, 2016) である。現代の民主主義体制に関する信頼できる情報は、マイケル・ギャラハー（Michael Gallagher）、マイケル・レイヴァー（Michael Laver）、ピーター・メア（Peter Mair）が編集した素晴らしい参考図書 *Representative Government in Modern Europe* (London, 2011) に見いだすことができる。最後に名前の挙がっているアイルランド人政治学者メアは、あまりにも早くこの世を去ってしまったが、二〇一三年に遺稿集 *Ruling the Void: The Hollowing of Western Democracy* (London, 2013) が公刊された。彼が書きのこしたものは、本書第1章に大きな影響を与えている。

　抽選制の擁護論は近年、アカデミズムの世界で再び公然と検討・議論されるようになっている。バーバラ・グッドウィン（Barbara Goodwin）は、イースト・アングリア大学の政治学教授〔現在は名誉教授〕であるが、大きな影響を及ぼした *Justice by Lottery* (Chicago, 1992) をすでに一九九二年に公刊している。彼女は同書において、民主主義における抽選制の本質的価値を再びアジェンダに載せたのである。オーストラリア人研究者のリン・カーソン（Lyn Carson）とブライアン・マーティン（Brian Martin）は、共著 *Random Selection in Politics* (Westport, 1999) を出版した。ここ数年は、抽選制に関する研究が急速に進展している。オリバー・ダウレン（Oliver Dowlen）は、すでに言及した *The Political Potential of Sortition* の著者であり、無作為抽出型民主主義協会（Society for Democracy including Random Selection）の共同設立者である。彼はジル・ドゥレノワ（Gil Delannoi）とともに、*Sortition: Theory and Practice* (Exeter, 2010) という論文集を編んだ。ダウレンはコンパクトな *Sorted: Civic Lotteries and the Future of Public Participation* (Toronto, 2008) も著している（PDFを無料で入手することができる）。他方、テリル・ブリシウス（Terrill Bouricius）は目下、その仮題からして期待できそ

うな書物 *The Trouble With Elections: Everything You Thought You Knew About Democracy Is Wrong* に取り組んでいる。

抽選制を再導入する具体的提案としては、アーネスト・カレンバック（Ernest Callenbach）とマイケル・フィリップス（Michael Phillips）の *A Citizen Legislature* (Berkeley, 1985)、アンソニー・バーネット（Anthony Barnett）とピーター・カーティ（Peter Carty）の *The Athenian Option: Radical Reform for the House of Lords* (London, 1998)、キース・サザーランド（Keith Sutherland）の *A People's Parliament: A (Revised) Blueprint for a Very English Revolution* (Exeter & Charlottesville, 2008)、すでに言及したサントメールとブーフシュタインの著作を挙げることができる。これらは、ほんの一部にすぎない。より包括的なリストは、アントワヌ・ヴェルーニュ（Antoine Vergne）の 'A Brief Survey of the Literature of Sortition' である（ジル・ドゥレノワとオリバー・ダウレンが編集した論文集への寄稿論文である）。本書の図表5は、最新の提案も参照した。テリル・ブリシウスの論文 'Democracy through Multi-body Sortition: Athenian Lessons for the Modern Day,' *Journal of Public Deliberation*, 9 (1), 2013, Article 11 は、インターネット上で簡単に入手することができる。

熟議民主主義に関する文献は膨大な数にのぼるが、特に二つの文献に言及したい。一つは、ジェイムズ・フィシュキン（James Fishkin）の最新作 *When the People Speak: Deliberative Democracy and Public Consultation* (Oxford, 2009)（『人々の声が響き合うとき――熟議空間と民主主義』曽根泰教監修／岩木貴子訳、早川書房、二〇一一年）であり、もう一つは、シャルル・ジラール（Charles Girard）とアリス・ル・ゴフ（Alice Le Goff）が編集したアンソロジー *La démocratie délibérative: anthologie des textes fondamentaux* (Paris, 2010) である。*International Journal of Public Participation* や *Journal of Public Deliberation* といった学術雑誌を読めば、最新の動向をフォローすることができるであろう。

近年、市民参加に関する夥しい数の文献が公刊されている。フィリップ・ドゥ・リンク（Filip De Rynck）とカロリン・デズーレ（Karolien Dezeure）は、*Burgerparticipatie in Vlaamse Steden: Naar een innoverend participatiebeleid*

(Brugge, 2009) をまとめ、ジョルジュ・フェレブーフ（Georges Ferrebœuf）は *Participation citoyenne et ville* (Paris, 2011) を著している。地域政策にとって有益な具体的勧告は、オランダの全国オンブズマンの *'We gooien het de inspraak in': Een onderzoek naar de uitgangspunten voor behoorlijke burgerparticipatie* (Den Haag, 2009) や、ベルギーのコミュニティ開発ウエスト＝フランデレン（Samenlevingsopbouw West-Vlaanderen）の *Beslist anders beslissen: Het surplus voor besturen als bewoners het beleid mee sturen* (Brugge, 2011) のなかに見いだせるであろう。ボードワン国王財団は、*Participatieve methoden: Een gids voor gebruikers* (Brussel, 2006) という素晴らしいハンドブックを公刊しており、インターネット上でPDFを入手することができる。

ベルギーやオランダでも、議会制民主主義の将来をめぐって論争が繰り広げられている。フランダース地方に関しては、トーマス・デクルース（Thomas Decreus）の *Een paradijs waait uit de storm: Over markt, democratie en verzet* (Berchem, 2013) とマヌ・クライス（Manu Claeys）の *Stilstand: Over machtspolitiek, betweterbestuur en achterkamerdemocratie* (Leuven, 2013) を挙げたい。オランダに関しては、ウィレム・スヒンケル（Willem Schinkel）の著作 *De nieuwe democratie: Naar andere vormen van politiek* (Amsterdam, 2012) が真っ先に思い浮かぶが、イフォンネ・ゾンデロプ（Yvonne Zonderop）の *Polderen 3.0: Nederland en het algemeen belang* (Leusden, 2012) やヘルディ・フェルベート（Gerdi Verbeet）の *Vertrouwen is goed maar begrijpen is beter: Over de vitaliteit van onze parlementaire democratie* (Amsterdam, 2012) も見逃せない。非常に興味深い学術研究も二冊ある。一つは、ルディ・アンデウエヒ（Rudy Andeweg）とジャック・トーマッセン（Jacques Thomassen）が編集した *Democratie doorgelicht: Het functioneren van de Nederlandse democratie* (Leiden, 2011) であり、もう一つは、レイミヒ・アーツ（Remieg Aerts）とペーター・ドゥ・フーデ（Peter de Goede）が編集した *Omstreden democratie: Over de problemen van een succesverhaal* (Amsterdam, 2013) である。

＊

民主主義の刷新を目指す団体のなかには、インターネット上で精力的に情報を発信している団体もある。そうした国際的ウェブサイトとして思い浮かぶのは、次のものである。

・openDemocracy.net
独立非営利団体であり、優れた記事を多数掲載している。

・participedia.net
参加民主主義に関する最も重要な国際的ウェブサイトである。

・sortition.net
歴史的文書や有益なリンク集を掲載しているポータルサイトである。

・Equality by Lot (equalitybylot.wordpress.com)
情報豊富なブログであり、抽選制について熟議する「抽選主義者」（通称 kleroterians）の活気あるオンライン・コミュニティーが形成されている。

＊

民主主義の刷新のための全国的プラットフォームが存在する西欧諸国が増えつつある。それらのプラットフォームは、非常に興味深いウェブサイトを開設していることも少なくない。

・The Jefferson Center for New Democratic Processes（アメリカ）
名前通りの団体である。

・Center for Deliberative Democracy（アメリカ）
ジェイムズ・フィシュキンのセンターであり、スタンフォード大学に付設されている。熟議型世論調査に関する良質の情報を提供している。
・AmericaSpeaks と GlobalVoices（アメリカ）
大規模な市民フォーラムを組織しており、情報豊富なウェブサイトを開設している〔AmericaSpeaks とその国際部門である GlobalVoices は、二〇一四年一月に活動を終了した〕。
・newDemocracy.com.au（オーストラリア）
抽選制に関する分かりやすい情報を数多く提供している。
・We the Citizens（アイルランド）
アイルランドにおける大規模な市民主導の取り組みに関するウェブサイトである。
・38 Degrees（イギリス）
市民参加のための団体であり、一〇〇万人以上の会員を擁し、大きな影響力を有する。
・Mehr Demokratie（ドイツ）
イニシアティブとレファレンダムに熱心に取り組んできた団体。二五年前に設立されたが、今でも闘争心を失っていない。
・Democracy International（EU）
ドイツで設立されたヨーロッパ規模の団体であり、長年、ヨーロッパ単位のイニシアティブを提唱してきた。
・Teknologi-rådet（デンマーク）
デンマークの科学技術評議会であり、数多くの参加プロセスを立案してきた。ウェブサイトでは、それらを英語で解説している。

・NetwerkDemocratie（オランダ）

統治の刷新、特にデジタル・テクノロジーの活用を提唱しているオランダのプラットフォームである。

・G1000（ベルギー）

同名の市民主導の取り組みの四カ国語ウェブサイトであり、次世代基金（Stichting voor Toekomstige Generaties）によって運営されている。

・Koning Boudewijnstichting（ベルギー）

国際的に評価の高い活動を繰り広げてきた団体であり、なかでもガバナンスに関する長期プロジェクトに取り組んできた。

・¡Democracía Real Ya!（スペイン）

民主主義のための戦闘的団体であり、二〇一一年三月の市民抗議を機に発展した。

・Association pour une démocratie directe（フランス）

透明性の向上を提唱するフランスの団体のウェブサイトである。新しい団体であり、精力的に活動を繰り広げている。

訳者解題

一　『選挙制を疑う』の概要

本書は、David Van Reybrouck, *Tegen Verkiezingen* (Amsterdam en Antwerpen: De Bezige Bij, 2016 [2013]) の邦訳である。同書は二〇一三年にオランダ語の原著が刊行された後、二〇一六年一〇月の一二刷に際して若干の加筆修正が加えられている。邦訳は、この一二刷を底本としている。

同書は刊行後直ちに主要な言語に翻訳され、西洋各国で大きな反響を呼んだ（フランス語版：二〇一四年、イタリア語版：二〇一五年、英語版：二〇一六年、ドイツ語版：二〇一六年、スペイン語版：二〇一七年）。英語版 *Against Elections: The Case for Democracy* は二〇一六年にイギリスの出版社 The Bodley Head から赤色の装丁で刊行された後、二〇一八年にはアメリカの出版社 Seven Stories Press から黄色の装丁で刊行された。英訳者はいずれもリズ・ウォーターズ（Liz Waters）であるが、後者の巻頭には、コフィー・アナン（Kofi Annan）元国連事務総長の「民主主義の危機」が序文として収められている。この序文は、アナンが二〇一七年九月一三日にAthens Democracy Forum 2017（https://www.athensdemocracyforum.com/adf2017/）で行なった基調演説を基にしたものである。アナンは同演説において、翌日に報告を控えていたヴァン・レイブルックの「興味深いアイディア」に言及したのである（p. xvi）。

さて、著者のヴァン・レイブルックは日本ではほとんど知られていないが、ヨーロッパを代表する知識人の一人と目されている。一九七一年にベルギーのブルッへ（ブルージュ）で生まれ、ベルギーのルーヴェン・カトリック大学、イギリスのケンブリッジ大学で学び、オランダのライデン大学で博士号を取得した。現在、特定の研究機関には所属せず、ベルギーのブリュッセルを拠点に作家として活躍している（個人ウェブサイト［http://www.davidvanreybrouck.be/］を参照）。なかでも出世作である『コンゴ――一つの歴史』（オランダ語原著：二〇一〇年）は非常に高い評価を受けており、数々の賞を受賞した。

本書『選挙制を疑う』は、現代民主主義の危機に正面から取り組み、抽選制議会の構想を示した意欲作である。ヴァン・レイブルックは、現代民主主義諸国が直面する民主主義疲れ症候群の原因は、ポピュリズムの診断、テクノクラシーの診断、直接民主主義の診断とは違い、選挙型代議制民主主義にあると診断する。そして、古代ギリシアやルネサンス期における抽選制の政治的伝統を掘り起こし、我々が陥っている選挙原理主義を相対化しようとする。さらには、現代における抽選制の理論と実践を踏まえつつ、抽選型代議制民主主義を構想する。現代民主主義の苦境を乗り越えるために、さしあたり二院のうち一院を抽選制議院にする二重代議制を採用しようではないか、と提案するのである。一八四八年の『共産主義者宣言』（*The Communist Manifesto*）にならっていえば、現代の『抽選主義者宣言』（*The Kleroterian Manifesto*）と呼ぶこともできるであろう。

注意を要するのは、ヴァン・レイブルックが将来的には選挙制議会を抽選制議会で置き換えようとしているのか、それとも選挙制議院と抽選制議院の二重代議制を維持しつづけようとしているのか、という点である。この点は『選挙制を疑う』の核心であるにもかかわらず、やや曖昧であることは否めない。そのこともあり、『ニューヨーク・タイムズ』紙上で一悶着があった（一連の記事は、https://www.nytimes.com で検索・閲覧可能である）。アリ・バーマン（Ari Berman）は『選挙制を疑う』などを取りあげた書評において、ヴァン・レイブルックの解決策は「考えが甘く実現不可能」であると酷評し「民主主義疲れ症候群への処方箋は選挙制の全廃ではなく、その民主化である」と断じた（*The New York Times*, April 13, 2018）。ヴァン・レイブルックは直ちに「編集者への手紙」を送付し、バーマンに反論した。『ニューヨーク・タイムズ』二〇一八年五月四日に「編集者への手紙」が掲載され、翌五日にはヨーラム・ガット（Yoram Gat）が「編集者への手紙」の全文を引用した書評を改めて掲載している。「編集者への手紙」の重要な箇所を引用したい。

私は、これらのモデルが「選挙制の全廃を求めなかった」と明示的に強調している。……拙著は、抽選制という要素によって現在の選挙型代議制民主主義を強化しようと呼びかけたものである。すなわち、無作為抽出を活用して選出された一般市民が熟議を重ね、情報に基づいた政策を提言することである。(*The New York Times*, May 4, 2018)

このヴァン・レイブルックの応答は、やや不正確である。本書の第四章第三節を見ると「選挙制の全廃を求めなかった」の主語は「これらのモデル」ではなく「カレンバックやフィリップス」となっているからである(一四四頁)。そして、ヴァン・レイブルック自身の考えを示した第四章第五節「二重代議制の暫定的提案」では、次のように記されているからである。

おそらく、こうした二層の仕組みは時を経て、完全抽選制(ブリシウスの第五段階)に席を譲らざるをえなくなるであろう。民主主義には、そもそも完成などありえない。しかし目下のところ、抽選制と選挙制の組み合わせが、処方可能な最良の薬である。(一六七頁)

このように記されている以上、ヴァン・レイブルックが選挙制議会の全廃を視野に収めていると解釈できるであろう。いな、そのように解釈したほうが自然であろう。しかし、この「編集者への手紙」は、ヴァン・レイブルックの意図が選挙制議会の全廃にはないことを示している。この「編集者への手紙」は「作者が作品とは別個に、自作について表明した「作者の意図」」(内田義彦『読書と社会科学』岩波書店〔岩波新書〕、一九八五年、八一頁)に該当し、その取り扱いには注意を要するであろう。だが、ヴァン・レイブルックが「作者の意図」を表明している以上、それを無視することもできない。

このことは、*Tegen Verkiezingen*(英語では *Against Elections*)という挑発的な書名をどのように日本語に訳すか、という重要な問題に直結せざるをえない。まず、ヴァン・レイブルックが疑問を呈している Verkiezingen(英訳では elections)は選挙という仕組みであると解釈し、選挙ではなく選挙制という訳語を充てることにした(ただし、本文中では、文脈に応じて「選挙」と訳している場合もある)。また、Tegen(英訳では Against)を「に反対して」と訳すと、その挑発性は表現できるものの、誤解を招きかねない。『選挙制に反対する』や『反選挙制論』と訳すことも検討したが、最終的に『選挙制を疑う』にしたのは、このためにほかならない(なお、坂井豊貴『多数決を疑う』という岩波新書がヒントになっていることも付言しておきたい)。

さて、本書を読めば分かるように、抽選制議会論はヴァン・レイブルックの専売特許ではない。西洋諸国では抽選制を活用した期間限定の市民討議会が開催されてきたし、そうした実践の延長線上に、抽選制議会の構想を具体的に提案する論者もいるからである。それらについては、本書の第四章第三節で紹介されている。本書の優れた点は、それらの抽選制議会論を踏まえつつも、作家の見事な文章によって抽選制議会論を世界中の人々に知らしめたことであろう。大学に属さずに、作家として活動していることも影響しているのであろうが、その発想にしても文章にしても実に伸びやかである。ヴァン・レイブルックは、市民には政治家にはない自由があると指摘しているが（一六二頁、一六七頁）、同じようにヴァン・レイブルックにも大学教授にはない自由があり、そのことが本書を優れた作品にしているといえるであろう。

二　日本における代議制民主主義の現在

本書は、ベルギーをはじめとする西洋諸国における民主主義の危機を政治的背景としている。それについては、本文で十分に描かれており、訳者が屋上屋を架す必要はないであろう。ここでは、本書を現代日本の文脈に位置づけるために、少し補足しておくことにしたい。すでに言及したように、ヴァン・レイブルックは本書第二章において、ポピュリズム、テクノクラシー、直接民主主義、そして抽選主義の診断を列挙しているが、現代日本ではそれら四つとは別の診断、すなわち代議制民主主義――ヴァン・レイブルックの枠組みでは選挙型代議制民主主義――の診断が大きな役割を果たしてきたからである。

周知のように、現代日本でも、西洋諸国と同じように代議制民主主義の苦境に直面してきたし、同じように様々な民主主義の刷新が模索されてきた。しかし、その中心にあったのは代議制民主主義の改革、具体的には選挙制度改革であった。

日本の民主主義は、一九八九年前後に「改革」の季節を迎えた。一九八九年は、日本史的には昭和から平成へと移った年だったが、世界史的には冷戦が終焉を迎えた年だった。その一九八九年前後、五五年体制が綻びを見せはじめた。五五年体制とは一九五五年に成立した一党優位政党制であり、中選挙区制を背景に自由民主党が「万年与党」、日本社会党などが「万年野党」を占めつづけていた。一九八九年以前、そうした五五年体制は「日本の奇跡」をもたらした一因として高い評価を受けていた。ところが、リクルート事件が発覚すると、政権交代がないために政治腐敗が蔓延しているのではないか、との疑念が深まった。また、五五年体制では「冷戦後」という時代状況に対応できないのではないか、との疑念も深まった。

そうしたなか、選挙制度等の改革によって五五年体制を乗り越えようとしたのが「政治改革」である。その記念碑的文書である自由民主党「政治改革大綱」（一九八九年五月）によれば、中選挙区制の下では「同士打ち」が生じ、政治家は選挙区サービスをしなければならず、政治にカネがかからざるをえない。また、野党が結集するインセンティブが働かないため、政権交代可能な野党が育たない（自由民主党「政治改革大綱」は、インターネット上で読むことができる。http://www.secj.jp/pdf/19890523-1.pdf）。その後、数年間の紆余曲折を経て、ようやく一九九四年に衆議院の選挙制度が中選挙区制から小選挙区比例代表並立制へと改革されたのである。

そうした選挙制度改革は、デュヴェルジェの法則の通り、二大政党制化をもたらした。そして二〇〇九年の総選挙において、民主党を中心とする鳩山政権への政権交代が実現したのである。ところが、民主党政権は長続きすることなく、自民党・公明党が政権の座に返り咲いた。再び一党優位政党制に逆戻りしたかのようである（「一強多弱」）。しかしそれは、かつての一党優位政党制とは異なり、小選挙区比例代表並立制を基盤とした一党優位政党制ないし一連合優位政党制であり、解散権・公認権を握った総理・総裁が強い権力を持つようになっている。他方、野党第一党の民主党は二〇一六年に民進党に再編されたものの、翌年には民進党、希望の党、立憲民主党へと分裂し、その後、民進党と希望の党が国民民主党を結成している。加えて、日本維新の会というポピュリスト政党も台頭している。現代日本の代議制民主主義は、依然として混迷の直中にあるといえるであろう。

ところで、現代日本における民主主義の刷新は、こうした（選挙型）代議制民主主義の改革にとどまらない。それと並行して、直接民主主義を強化する試みもなされてきた。その先駆となったのが、一九九六年の新潟県巻町の住民投票である。巻町の住民は住民投票を通じて、原子力発電所の建設にノーの意思表示をし、最終的に原発建設計画の撤回に追い込んだのである。この巻町の住民投票は大きな影響を与え、日本各地で住民投票が実施されるようになっている（住民投票については、今井一『住民投票──観客民主主義を超えて』岩波書店［岩波新書］、二〇〇〇年を参照）。

二〇〇〇年代に入ると、抽選制を活用した熟議民主主義も試みられるようになった。篠原一は『市民の政治学──討議デモクラシーとは何か』（岩波書店［岩波新書］、二〇〇四年）において、いちはやく無作為抽出型の熟議民主主義を紹介した。二〇〇五年の東京都千代田区における市民討議会を嚆矢として、ドイツの計画細胞（Planungszelle）を参考にした「市民討議会」が開催されるようになっている（市民討議会については、篠藤明徳ほか『自治を拓く市民討議会』イマジン出版、二〇〇九年を参照）。二〇〇九年以降は、慶応義塾大学ＤＰ研究センターが中心となり、アメリカの討論型世論調査（Deliberative Poll）を研究・実施している（http://keiodp.sfc.keio.ac.jp/）。二〇〇四年に裁判員法が成立し、二〇〇九年以降、裁判員裁判が実施されるようになったことも見逃せない。

二〇一一年三月一一日の東日本大震災以降は、代議制民主主義の機能不全を補完するものとして、デモが脚光を浴びている。原発の再稼働に反対する市民は、首相官邸前や全国各地でデモを繰り広げた。二〇一五─一六年には、安全保障関連法案に反対する大学生がシールズ（SEALDs）を結成し、同じように大規模なデモを行なったのである。ただし、一九六〇年代の学生運動のデモとは違い、より平和的・祝祭的なものへと変貌を遂げている。五野井郁夫『「デモ」とは何か──変貌する直接民主主義』（NHK出版、二〇一二年）や、小熊英二『社会を変えるには』（講談社［講談社現代新書］、二〇一二年）は、デモをはじめとする直接民主主義の意義を強調している。

こうしたなか、直接民主主義を否定するわけではないが、むしろ代議制民主主義の意義を改めて強調する者もいる（たとえば、早川誠『代表制という思想』風行社、二〇一四年。待鳥聡史『代議制民主主義』中央公論新社［中公新書］、二〇一五年）。

三　抽選制議会論争のために

このように現代日本では、政党政治が混迷するなか、代議制民主主義の改革を志向する者と直接民主主義の強化を志向する者とが存在してきた。しかし、両者は矛盾するものではない。代議制民主主義の改革と直接民主主義の強化は十分に両立可能だからである。むしろ注目すべきは、両陣営が無自覚に共有している前提である。ヴァン・レイブルックの用語法を借りれば、両者とも代議制民主主義を選挙型代議制民主主義と同一視し、抽選型代議制民主主義をほとんど視野に収めていないのである。

訳者の一人（岡﨑晴輝）は二〇一三年、市民良識を反映させるために参議院議員を抽選で選出することを提言した（古賀敬太編『政治概念の歴史的展開』第六巻、晃洋書房、二〇一三年、二〇一頁）。

これにたいして編者の古賀敬太・大阪国際大学教授は「無作為で抽出される抽選がどれだけ民主主義的正統性を担保できるのか、検討が必要であろう」と記した（viii頁）。古賀教授は、抽選制では効率性を担保できるのかと疑問を呈したのではなく、抽選制では正統性を担保できるのかと疑問を呈したのである。

なぜこうした反応が生じるのであろうか。一つの理由として、日本が抽選制の政治的伝統を有していないことを挙げることができるであろう。大日本帝国憲法の制定（一八八九年）、帝国議会の開設（一八九〇年）の際、モデルになったのは西洋諸国、特にプロイセンだった。興味深いのは、ドイツ型の憲法が採用されたにもかかわらず、選挙制度についてはイギリス型の小選挙区制――一部、二人区完全連記制を含む――が採用されたことである（高世信晃「陸奥宗光と日本の選挙制度確立――イギリスおよびオーストリアにおける留学研究から」、黒沢文貴ほか編『国際環境のなかの近代日本』所収、芙蓉書房出版、二〇〇一年、五五―八九頁を参照）。それはともかく、近代日本が立憲民主主義への道を歩みはじめたとき、西洋諸国は、選挙で議員を選出する選挙型代議制民主主義をすでに確立していた。日本は西洋諸国以上に「選挙原理主義」に陥りやすい歴史的土壌を有していたといえるであろう。

だとすれば、日本の読者が抽選制議会というアイディアに拒絶反応を示したとしても無理はない。第一に、能力を根拠にした疑念が生じるであろう。それによれば、議員の職務を全うするためには、それなりの知識や力量が欠かせない。選挙制では、政党が政治家に必要な知識や力量を持つ者を公認候補者として擁立するため、能力要件はクリアできるであろう。しかし抽選制では、議員になる可能性はすべての有権者に開かれており、議員としての知識や力量に乏しい者が数多く選出されるに違いない。抽選で選出された市民に議員など務まるはずがない！

第二に、負担を根拠にした疑念も生じるであろう。抽選制議会というアイディアに接した際、裁判員の負担や町内会・ＰＴＡ役員の負担を連想する読者も少なくないであろう。多くの市民は、多忙な日常生活を送っている。数日間の裁判員でさえ、学業・仕事や私生活に支障をきたす場合も少なくない。いわんや、抽選制議会の議員ともなれば、日常生活に多大な支障をきたすことは目に見えている。数年任期の議員が学業・仕事や私生活と両立できるはずがない！

こうした拒絶反応が生じるのは、ある意味では当然のことであろう。しかし、そうした拒絶反応が生じるとすれば、それは本書が我々の常識を揺るがすポテンシャルを有していることの証である。我々は本書を読むことで、我々が無自覚に抱いている「選挙原理主義」を反省することができるであろう。

実のところ、すでに変化の兆しが見られる。吉田徹・北海道大学教授は、市町村議会議員の三分の一を「くじ引き」で選出することを提言した。ただし吉田教授は、政党政治を前提にした国会議員の場合には、くじ引きを導入してもうまくいくとは思わない、と釘を刺している（『朝日新聞』

二〇一七年一〇月二〇日（金）朝刊）。また、総務省に設置された「町村議会のあり方に関する研究会」は、特に「集中専門型」の議会に、「くじその他の作為によらない方法」で選出された「議会参画員」を設置することを提言した。ただし、議会参画員には議決権や議案提出権は付与しないとしており、あくまでも議員の補完的役割にとどめようとしている（町村議会のあり方に関する研究会「町村議会のあり方に関する研究会 報告書」、二〇一八年三月、一六―一八頁）。待鳥聡史・京都大学教授は国会も視野に収め、「監視」の権限しか持たない上院であれば「有権者からの抽選による選出や非公選の任命も許容されるかもしれない」と示唆している（「議会の権限から選挙制度を考える」、『Voters』四六号、二〇一八年一〇月、三頁）。岡崎は、参議院を市民院（House of Citizens）に改組し、それを抽選制にすることを提唱している（「『選挙・政治制度改革に関する答申』の検討――衆議院・参議院の選挙制度改革案を中心に」、選挙市民審議会、二〇一八年一〇年二三日、http://politicaltheory.sblo.jp/article/184708041.html）。

このように日本でも変化の兆しが見られるものの、ベルギーは日本のはるかに先を行っているようである。本書の最終校正をしている二月末、ベルギーのドイツ語共同体が抽選制議会の実験に乗り出すというビッグニュースが飛び込んできた。ベルギーを代表する政治・経済紙であるDe Standaardの配信記事（二〇一九年二月二六日付）によれば、ベルギーのドイツ語共同体（人口約七万七〇〇〇人）は、二〇一九年秋に常設の市民評議会（〔蘭〕permanente burgerraad）を設置し、二四人の構成員を抽選で選出することを決定した。この市民評議会は、政府・議会の計画や市民の提案に基づいて三つのテーマを設定する。そして、テーマごとに市民パネル（〔蘭〕burgerpanel）を設置し、一六歳以上の住民――国籍は問わない――のなかから二五人ないし五〇人の構成員を抽選で選出する。その際、性別・年齢・教育・居住地を考慮するほか、そのテーマに利害関係を有する者も加える。各パネルは三つの週末を利用して審議を重ねる。当然、出席者には日当が支払われる（四時間以下であれば三七・五ユーロ、四時間を超えれば七五ユーロ）。定足数は五分の四、全会一致ないし特別多数決（五分の四以上）で勧告を決議し、市民評議会がその勧告を政府と議会に送付する。勧告に法的拘束力はないが、勧告に従わない場合には、議会は説明責任を果たさなければならない。こうした東ベルギー・モデル（〔蘭〕Ostbelgien Model）によって、ベルギーのドイツ語共同体はヨーロッパの実験室になろうとしているという（http://www.standaard.be/cnt/dmf20190225_04206192）。今後、Equality by Lot（https://equalitybylot.com/）がこの実験の最新情報を逐一伝えてくれるであろう。『選挙制を疑う』の邦訳を機に、日本でも抽選制議会をめぐる熟議が始まるかもしれない。そうした民主主義の刷新の一助になれば、訳者としてはこれに勝る喜びはない。それは著者ヴァン・レイブルックの願いでもあろう。

四　翻訳について

最後に、本書の翻訳の経緯にも少し触れておきたい。この翻訳にも抽選ないし偶然が作用しているからである。岡﨑は九州大学大学院法学研究院において市民自治や選挙制度の研究・教育に携わってきたが、現役の法学部教授のまま裁判員に選出されるという得がたい機会に恵まれた。その後、裁判員経験者の会合で話をすることになったが、ちょうどその時、ベルギーのルーヴェン・カトリック大学教授で日本の裁判員制度を研究しているヴァンオーヴェルベークが来日し、その会合に参加するとともに、岡﨑に二度のインタビューを行なった。サバティカル休暇を控えていた岡﨑は不思議な「ご縁」を感じ、二〇一六年度後期（二〇一六年一〇月〜二〇一七年三月）にルーヴェン・カトリック大学文学部日本学科に滞在させていただくことになった。

到着後、日本学科のアドリアン・カルボネ先生と横畑由希子さんから、選挙制批判の本がヨーロッパで大きな話題になっていることを教えていただいた。それが本書『選挙制を疑う』である。ルーヴェンの書店に行ったところ、ちょうどその月（二〇一六年一〇月）、原著の一二刷が刊行され、平積みになっていた。さっそく英訳を取り寄せ、目を通したところ、「これは日本に紹介しなければ」と直感し、法政大学出版局の奥田のぞみさんにメールを送った。「ぜひ翻訳を」ということになり、岡崎とヴァンオーヴェルベークでオランダ語版（一二刷）から翻訳することになったのである。この訳書は、すべてが偶然の産物というわけではないが、偶然も大きな役割を果たしたわけである。偶然も粋な計らいをするものである。

翻訳にあたっては、まず岡崎がオランダ語版から日本語に翻訳した。ただし、作家の作品であるため解釈の難しい箇所も少なくなく、適宜、英訳とドイツ語訳を参照したが、あくまでもオランダ語原文に即して訳文を作成した。その後、オランダ語を母国語とし、長らく日本研究に携わってきたヴァンオーヴェルベークが原文と訳文と照らし合わせつつ訳文を修正した。その後、両者で推敲を繰り返し、この訳文を完成させた。

翻訳に際しては、可能なかぎり理解しやすくなるよう心がけた。ヴァン・レイブルックの文章は作家の文章であり、切れ味鋭い短い文が続く。その一方で、比喩が多用されている。その見事な文章を日本語に訳すのは思いのほか難しく、直訳しただけでは読者は意味をつかめないであろう。そのように判断し、訳者の解釈を加えつつ訳文を作成した。また、理解しやすくするために適宜改行したし、明らかなケアレスミスは特に明示することなく訂正した。推敲に推敲を重ねたが、それでも至らない点が多々あるに違いない。読者のご寛恕をこう次第である。

なお、引用された文献に邦訳がある場合、該当する邦訳の頁数を注に付記したが、訳語の不統一を避けるため、オランダ語版から翻訳し直している。

最後になったが、担当編集者の奥田のぞみさん、最初の読者である岡﨑明子さんからは、訳文に関する数多くのご助言をいただいた。お二人の徹底的な朱入れには、いくら感謝してもしきれない。また、鎌田厚志さん（九州大学大学院法学研究院協力研究員）には全体にお目通しいただき、有益なご指摘をいただいた。フィレンツェについては鹿子生浩輝さん（東北大学大学院法学研究科教授）のご教示をたまわった。注や参考文献については、小野藍さん（九州大学大学院地球社会統合科学府修士課程）にチェックしていただいた。篤く御礼申し上げたい。

なお、この訳者解題は、岡﨑が草稿を執筆し、ヴァンオーヴェルベークが確認し、岡﨑が微修正した後、両者が最終的に確認したものである。

二〇一九年三月一一日

福岡にて　岡﨑晴輝

ルーヴェンにて　ディミトリ・ヴァンオーヴェルベーク

訳者

岡﨑晴輝（おかざき・せいき）
1968 年，茨城県生まれ。法政大学と国際基督教大学で政治学を専攻し，国際基督教大学で博士号を取得。現在，九州大学大学院法学研究院教授，放送大学客員教授。専門は政治理論・比較政治学。
主な著書に『与えあいのデモクラシー』（勁草書房，2004 年）や『市民自治の知識と実践』（放送大学教育振興会，2015 年，共編）などがある。また，主な共訳書に，キムリッカ『新版 現代政治理論』（日本経済評論社，2005 年）やキムリッカ『土着語の政治』（法政大学出版局，2013 年）などがある。
ウェブサイト http://aktiv.sakura.ne.jp/

ディミトリ・ヴァンオーヴェルベーク (Dimitri Vanoverbeke)
1969 年，ベルギー王国生まれ。ルーヴェン・カトリック大学で日本学を専攻し，東京大学に留学後，ルーヴェン・カトリック大学で博士号を取得。現在，ルーヴェン・カトリック大学文学部教授。専門は法社会学，日本研究。
主な著書に *Community and State in the Japanese Farm Village* (Leuven University Press, 2003) や *Juries in the Japanese Legal System* (Routledge, 2015) などがある。

著者

ダーヴィッド・ヴァン・レイブルック (David Van Reybrouck)
1971 年，ベルギー王国生まれ。ルーヴェン・カトリック大学とケンブリッジ大学で考古学・哲学を専攻し，ライデン大学で博士号を取得。現在，作家として活躍し，ヨーロッパを代表する知識人の一人と目されている。
本書のほか，*Congo. Een geschiedenis* (De Bezige Bij, 2010) や *Pleidooi voor populisme* (De Bezige Bij, 2011) といった多数の作品を世に送りだし，数々の賞を獲得している。
ウェブサイト http://www.davidvanreybrouck.be/

サピエンティア　58
選挙制を疑う

2019 年 4 月 15 日　初版第 1 刷発行
2019 年 9 月　5 日　　第 2 刷発行

著　者　ダーヴィッド・ヴァン・レイブルック
訳　者　岡﨑晴輝／ディミトリ・ヴァンオーヴェルベーク
発行所　一般財団法人　法政大学出版局
〒 102-0071　東京都千代田区富士見 2-17-1
電話 03（5214）5540 ／振替 00160-6-95814
組版　言海書房／印刷　平文社／製本　誠製本
装幀　奥定泰之

ISBN 978-4-588-60358-7　Printed in Japan

索　引

あ　行

か　行

さ　行

た 行

な 行

は 行

ま　行

や　行

ら 行

わ 行